¡Dale al DELE!
b1

Equipo editorial

Dirección editorial: enClave-ELE
Cubierta: DESSIN, S.L.
Maquetación: ATyPE, S. L.
Fotografías: shutterstock.com
Estudio de grabación: Voces de cine

EnClave-ELE agradece a los autores citados en este libro la oportunidad que sus textos nos han brindado para ejemplificar el uso de nuestra lengua. Los materiales de terceras personas se han utilizado siempre con una intención educativa y en la medida estrictamente indispensable para cumplir con esa finalidad de manera que no se perjudique la explotación normal de las obras.

© enClave-ELE, 2013
ISBN: 978-84-15299-66-0

Depósito legal: M-25256-2013
Impreso en España por Impulso Global Solutions
Printed in Spain

Cualquier forma de reproducción, distribución, comunicación pública o transformación de esta obra solo puede ser realizada con la autorización de sus titulares, salvo excepción prevista por la ley. Diríjase a CEDRO (Centro Español de Derechos Reprográficos, www.cedro.org) si necesita fotocopiar o escanear algún fragmento de esta obra.

CÓMO ES EL DELE B1

Los Diplomas de Español como Lengua Extranjera (DELE) son los títulos oficiales del Instituto Cervantes y del Ministerio de Educación, Cultura y Deporte de España.
Los exámenes del DELE siguen el *Marco común europeo de referencia* (MCER) del Consejo de Europa.

El DELE B1 acredita que el candidato:
- Es capaz de comprender los puntos principales de textos claros y en lengua estándar si tratan sobre cuestiones que le son conocidas, ya sea en situaciones de trabajo, de estudio o de ocio.
- Sabe desenvolverse en la mayor parte de las situaciones que le pueden surgir durante un viaje por países donde se utiliza la lengua.
- Puede producir textos sencillos y coherentes sobre temas que le son familiares o en los que tiene un interés personal.
- Es capaz de describir experiencias, acontecimientos, deseos y aspiraciones, así como justificar brevemente sus opiniones o explicar sus planes.

EL EXAMEN: DÓNDE, CUÁNDO Y CÓMO
Los exámenes para la obtención de los Diplomas de Español como Lengua Extranjera se realizan en los centros del Instituto Cervantes y en la amplia red de centros de examen DELE (universidades, centros de enseñanza de español, academias, embajadas y consulados).
En la dirección oficial de los exámenes http://diplomas.cervantes.es puedes encontrar una lista de centros de exámenes por países.
Los exámenes del DELE tienen cinco convocatorias anuales (abril, mayo, julio, octubre y noviembre), el nivel B1 se celebra en todas; el examen DELE B1 escolar, solo en la convocatoria de mayo. En la dirección oficial puedes consultar las fechas concretas de cada año, los procedimientos y los plazos de inscripción.

PARA EL EXAMEN
El día del examen deberás llevar:
- **Copia sellada** de la **hoja de inscripción.**
- **Pasaporte** o **documento de identificación** con fotografía. El día del examen debes presentar el original utilizado en la inscripción.
- **La convocatoria oficial de examen,** que habrás recibido del centro de examen.
- **Bolígrafo** o similar que escriba con tinta y **lápiz del número 2.**
- Las **cuatro últimas cifras del código de inscripción,** ya que tendrás que anotarlas en cada hoja de respuestas.

Recuerda que, antes de cada prueba, debes completar los datos de identificación y el código en las hojas de respuestas 1, 2, 3 y 4.

Escribe con bolígrafo \ el nombre y los apellidos, la ciudad y el país donde te examinas. Completa con lápiz ✏ las cuatro últimas cifras del código de inscripción. Este código se pone dos veces, una, con número (ejemplo 1) y otra, sombreando las casillas (ejemplo 2).

Ejemplo 1:

| 0 | 0 | 0 | 1 |

Ejemplo 2:

NÚMERO DE INSCRIPCIÓN DEL CANDIDATO			
0	0	0	1
0	0	0	1
■	■	■	
1	1	1	1
			■
2	2	2	2
3	3	3	3
4	4	4	4

PRUEBA Nº 1 **Comprensión de Lectura** (70 minutos)

Tarea 1: **Siete declaraciones** de personas o enunciados **y diez textos cortos** (mensajes personales, cartelera, anuncios...). Hay que relacionar siete textos con los siete enunciados.
Tarea 2: Un **texto informativo,** un **correo electrónico con seis preguntas de elección múltiple** (A, B, C).
Tarea 3: **Tres textos** sobre anécdotas, experiencias personales, noticias, biografías, etc. con **seis preguntas.** Hay que relacionar cada pregunta con uno de los textos.
Tarea 4: **Un texto** (catálogo, consejos, recetas, instrucciones, etc.) del que se han extraído seis fragmentos. Hay que reconstruirlo a partir de **ocho opciones posibles.**
Tarea 5: **Cartas al director,** cartas formales, correos electrónicos, etc. con **seis huecos** para completar con estructuras gramaticales. En cada hueco hay que elegir entre tres opciones (A, B, C).

PRUEBA Nº 2 **Comprensión Auditiva** (40 minutos)

Tarea 1: **Seis anuncios publicitarios,** mensajes personales, avisos, etc. Cada uno de ellos tiene una **pregunta de opción múltiple** (A, B, C).
Tarea 2: **Monólogo** que describe experiencias personales del hablante y **seis preguntas de opción múltiple** (A, B, C).
Tarea 3: **Seis noticias de programas informativos de radio y televisión.** Cada una de ellas tiene una pregunta de opción múltiple (A, B, C).
Tarea 4: **Seis monólogos o conversaciones informales** en las que se habla de anécdotas o experiencias personales sobre un mismo tema. Hay **nueve enunciados** y hay que relacionar seis de ellos con las personas que los dicen.
Tarea 5: **Una conversación** entre dos personas con **seis enunciados.** Hay que indicar a qué persona se refiere cada enunciado.

PRUEBA Nº 3 **Expresión e Interacción Escritas** (60 minutos)

Tarea 1: Escribir un **correo electrónico, participar** en un **blog** o en un **foro** (entre 100 y 120 palabras).
Tarea 2: Redactar un **texto narrativo** o **descriptivo** (entre 130 y 150 palabras), presentar **información** u **opinión personal** (diario, biografía, etc.) a partir de unas instrucciones. Se presentan dos opciones y hay que elegir solo una.

PRUEBA Nº 4 **Expresión e Interacción Orales** (15 minutos +15 minutos de preparación)

Tarea 1: **Presentación breve** (2 o 3 minutos) a partir de un tema y unas indicaciones para realizar la exposición oral. Hay que elegir entre dos temas.
Tarea 2: **Conversación** con el entrevistador durante 3 o 4 minutos sobre el tema que se ha expuesto en la Tarea 1.
Tarea 3: **Describir** detalladamente una fotografía (2 o 3 minutos). Después, el entrevistador te hará preguntas a partir de la fotografía y tienes que mantener con él un diálogo durante dos o tres minutos. Hay que elegir entre dos fotografías.
Tarea 4: **Conversación** con el entrevistador a partir de una situación cotidiana simulada y que está relacionada con la fotografía de la Tarea 3 (2 o 3 minutos).

En esta prueba de Expresión e Interacción Orales dispones de 15 minutos para preparar las tareas 1 y 2. Puedes aprovechar este tiempo para escribir ideas o tomar notas. Durante la entrevista podrás mirar o consultar tus papeles, pero no leerlos.

CONSEJOS Y ESTRATEGIAS PARA ENFRENTARTE A LAS TAREAS DEL NUEVO DELE B1

Las pruebas

Como has visto, el examen del DELE B1 tiene **4 pruebas**; cada una de estas pruebas, a su vez, se divide en varias tareas (de 2 a 5).
Para aprobar el examen, en cada una de las 4 pruebas debes conseguir el 60% de la puntuación (en las dos primeras, como son pruebas objetivas tipo test, esto significa tener 18 preguntas correctas en cada una de las pruebas). No olvides que lo importante es el número de respuestas acertadas, por lo que siempre es mejor responder una pregunta aunque no estés seguro, ya que no responder es igual que equivocarse.

La hoja de respuestas

Antes de empezar el examen debes completar con tus datos personales la **Hoja de respuestas** donde irás contestando a las preguntas del examen.
Como sabes, la Hoja de respuestas se contesta con lápiz (no con bolígrafo), incluye las 10 tareas de estas dos pruebas (5 tareas de Comprensión de lectura y 5 tareas de Comprensión auditiva) y es lo único que se corrige, porque en el cuadernillo de examen puedes escribir todo lo que quieras, pero después del examen se destruye. En toda esta parte del examen vas a estar casi dos horas (110 minutos).

¿Cómo se organizan las pruebas del DELE B1?

Las **pruebas de Comprensión de lectura y Comprensión auditiva se realizan con un mismo cuadernillo de examen** y tus respuestas debes ponerlas a lápiz en la Hoja de respuestas. Esta parte del examen dura **110 minutos** (70 minutos para la Comprensión de Lectura y 40 minutos para la Comprensión Auditiva). **Entre estas dos pruebas no hay pausa**, por lo que necesitas estar muy concentrado todo el tiempo y llevar contigo un poco de agua para beber cuando te sientas cansado. Las 60 preguntas (30 de cada tarea) debes escribirlas en la Hoja de respuestas antes de que acabe la segunda prueba; el tribunal del examen te va a ir indicando cuánto tiempo falta para acabar la primera prueba (una hora, media hora, quince minutos y cinco minutos).
Después de un pequeño descanso, se realiza **la prueba de Expresión e interacción escritas**. Esta parte del examen dura **60 minutos**; **la respuesta se hace en el mismo cuadernillo del examen** y puedes hacerla con bolígrafo o con lápiz.
Para la prueba de Expresión e interacción orales recibirás una convocatoria en la que se indica el día y la hora en que debes hacer las **4 tareas**.

Prueba de Comprensión de Lectura

Es la prueba con la que comienza el examen y consta de 5 tareas que hay que hacer en **70 minutos**; inmediatamente después y sin pausa comienza la prueba de Comprensión auditiva. Para ambas pruebas, debes seleccionar tus respuestas con lápiz (no con bolígrafo) en la única **Hoja de respuestas**.
Las 5 tareas de la prueba de Comprensión de lectura tienen en total 30 preguntas, de las que debes contestar correctamente 18 (un 60%): **no contestar una pregunta es lo mismo que hacerlo mal**, por lo que debes asegurarte antes de entregar la hoja de respuesta que has contestado todas las preguntas y recuerda **¡solo hay una sola respuesta correcta por pregunta!**

TAREA 1

Se presentan los **comentarios de 7 personas** (la número 0 solo sirve como ejemplo) que hablan de sus gustos, de su situación familiar, de sus experiencias, etc.
Primero subraya las palabras claves en cada uno de los enunciados y después lee las 9 opciones (la del ejemplo no se puede volver a utilizar); lee cada una y antes de pasar a la siguiente persona decide a quién le puede corresponder esa opción. No olvides que **hay 3 opciones que no corresponden a nadie**, porque a cada persona le corresponde solo una opción y cada opción solo puede utilizarse para una persona.
Es muy importante que deduzcas lógicamente la relación entre los datos que se ofrecen **y que subrayes en los textos las palabras** que crees que justifican la elección de ese texto para una persona y no para otra, porque puede ser necesario consultar esa información en caso de que creas que una persona tenga más de una posibilidad de respuesta.
En cuanto a la organización del tiempo, en la lectura de los enunciados de las personas (6 textos breves) puedes tardar unos 2 minutos; en la lectura de cada texto (de unas 50 palabras aproximadamente cada uno) puedes utilizar 1 minuto (en total, por tanto, 10 minutos para esta parte de la tarea, y 12 minutos en total, con las respuestas incluidas).

TAREA 2

Tienes que contestar 6 preguntas sobre un texto de unas 450 palabras. Lo mejor es **empezar leyendo las preguntas, subrayando lo más importante de ellas** (para ello puedes necesitar como máximo 3 minutos ⌛) y después leer el texto buscando la información para responder esas preguntas.

Como sabes que **las preguntas siguen el orden del texto**, es más fácil localizar la información. **Es conveniente que, mientras lees el texto, señales al margen el número de pregunta y la opción que es correcta, además subraya las palabras que justifican tu respuesta**. En una segunda lectura rápida del texto o de los fragmentos que presenten dudas puedes utilizar otros 5 minutos ⌛.

No olvides que a cada tarea debes dedicarle como máximo 14 minutos ⌛, si en ese tiempo no has podido responder a todo, déjalo para el final; pero no dejes de dedicar el tiempo necesario a otras tareas, que tal vez sean más fáciles.

TAREA 3

Vas a encontrar 6 preguntas sobre tres textos que cuentan las experiencias de tres personas. Empieza leyendo y **subrayando lo más importante de las 6 preguntas** (para ello puedes utilizar un máximo de 3 minutos ⌛) y después lee cada texto (puedes emplear unos 3 minutos ⌛ para cada texto) señalando qué preguntas crees que se corresponden con esa persona. **Recuerda que no hay un número mínimo ni máximo de preguntas por persona**. Lo importante es encontrar la idea que une cada pregunta con lo que el texto afirma sobre ese tema.

TAREA 4

Debes completar un texto al que le faltan 6 fragmentos. Como hay ocho posibles opciones obviamente **no puedes utilizar 2 de ellos**. Lo mejor es empezar leyendo los fragmentos (en unos 2 minutos ⌛) y **fijarte bien en cierto tipo de palabras**: los pronombres (lo, las, le…) **así como en el inicio y en el final de ese fragmento**, porque son las partes por las que se va a unir con el resto del texto. A partir de ahí, lee el texto y cuando llegues al primer hueco, detente: busca entre los fragmentos el que consideres adecuado y anótalo (no te preocupes si encuentras varias opciones posibles en la primera lectura). Cuando tengas todos los huecos con sus opciones (para todo ello podrás tardar unos 7 minutos ⌛) es el momento de hacer una lectura completa del texto con sus respuestas y comprobar cuáles de los fragmentos que presentan alguna dificultad son los correctos; de esta forma, en 5 minutos ⌛ más podrás tener el texto completo y con un orden lógico y una coherencia que le faltaba al no tener los fragmentos que faltaban.

TAREA 5

Es la más "gramatical" de toda esta prueba (e incluso de todo el examen), porque se trata de elegir entre las preposiciones y las formas verbales la opción correcta. Para realizar esta prueba, **nuestro consejo es que leas el texto una primera vez sin comprobar entre las opciones posibles**; de este modo, eres tú el que debes poner la palabra que consideras adecuada. Si no eres capaz de poner ninguna palabra, sigue leyendo, pero si sabes cuál poner, escríbela.

En una segunda lectura, ya te vas a centrar en leer las frases a las que les falta una palabra: si tienes escrito algo en ese hueco, compáralo con las opciones que te ofrece la tarea, y elige la opción que coincide con tu palabra escrita. Si no coincide o no has escrito nada, lee la frase y decide entre las tres opciones que te ofrecen la que consideras más correcta. En la lectura inicial del texto puedes tardar aproximadamente 8 minutos ⌛; en la segunda, 6 minutos ⌛ serán suficientes. Conviene que al llegar al final de esta tarea compruebes que en la Hoja de respuestas has contestado las 30 preguntas que pide la prueba de Comprensión de lectura y que no pierdas tiempo, porque debes aprovechar los minutos que te sobren para leer las preguntas de las siguientes tareas que componen la prueba de comprensión auditiva.

Prueba de Comprensión Auditiva

Consta de 5 tareas, que se realizan en 40 minutos ⌛ aproximadamente. A continuación te comentamos las estrategias más significativas que puedes utilizar en todas las tareas de esta prueba y después completaremos la información con más detalles para cada tarea.

Antes de cada una de las tareas tienes 30 segundos ⌛ para leer las preguntas. **Subraya lo más importante de cada pregunta**. Durante la audición presta atención especialmente a los temas e intenta relacionarlos con las palabras subrayadas. Es importante que, junto a cada pregunta, escribas las palabras donde crees que está la solución a la pregunta: esto puede servirte si tienes dudas en la respuesta.

Al final de cada tarea responde a las 6 preguntas completando la Hoja de respuestas (en la audición te dan un tiempo para ello). No olvides que en cada tarea todos los textos se escuchan dos veces: en algunos casos, como por ejemplo en las tareas 2 (una experiencia personal), 3 (un informativo) y 5 (una conversación larga), se escucha el texto completo y después de una breve pausa (10 segundos ⌛) se vuelve a escuchar; en otros casos, como las tareas 1 (mensajes) y 4 (experiencias personales), el mensaje se repite antes de escuchar el texto de la pregunta siguiente, y entre cada pequeño texto hay una pausa de 10 segundos ⌛.

Aprovecha cada pausa para escribir tus respuestas (a lápiz ✏) y para leer lo que has subrayado en la pregunta que sigue porque debes concentrarte en esos temas concretos. Una de las respuestas que se te ofrecen en el examen para cada pregunta es correcta pero no coincide literalmente con lo que se escucha en la audición; tú **tienes que interpretar el significado de las palabras que escuchas, su intención**. Como ya se ha señalado, esta prueba tiene 30 preguntas, es decir, 6 preguntas en cada tarea, y tienes que responder correctamente 18 preguntas para superar la prueba.

TAREA 1

Se trata de 6 textos independientes (anuncios publicitarios, mensajes telefónicos en el buzón de voz, instrucciones por megafonía, etc.). Puesto que se trata de seis textos independientes, en cada audición debes prestar atención al único tema sobre el que se pregunta y que nos interesa. Cuando tengas decidida la opción correcta, pásala a la Hoja de respuestas y empieza a preparar la siguiente cuestión.

TAREA 2

Te enfrentas a **un texto más largo**, de unos 3 minutos ⌛ de duración, en el que alguien cuenta una experiencia o una reflexión sobre su vida. Las respuestas a las seis preguntas que debes contestar aparecerán de forma sucesiva y ordenadas en el texto, por lo que te resultará fácil seguir los diferentes temas que se van tratando para completar la pregunta que se te hace y elegir entre las tres opciones posibles. En este caso, como en el resto del ejercicio, **no vale contestar por tu conocimiento del mundo o el sentido común**, sino que hay que hacerlo según lo que se escucha en el texto.

TAREA 3

Se escucha un informativo, con 6 noticias o advertencias breves, que pueden incluir desde un hecho reciente hasta una previsión meteorológica. Recuerda que cada noticia tiene una pregunta con tres opciones para elegir una. Las seis noticias están separadas entre sí por una música que señala el final de una noticia y el inicio de otra; esta es la señal para que aproveches los 10 segundos ⌛ de pausa y contestes la pregunta; también es el momento para que veas las palabras subrayadas sobre las que debes decidir la respuesta correcta de la pregunta siguiente. La segunda vez que escuches el noticiario debe servirte para confirmar las respuestas.

TAREA 4

Debes aprovechar los 20 segundos ⌛ iniciales y el tiempo en que habla la persona 0 (del ejemplo) para leer los enunciados que tienes que atribuir a las 6 personas que escucharás. Recuerda que se refieren a un mismo tema pero cada uno desde una perspectiva o con un aspecto diferente, que es el que tienes que encontrar en el enunciado. Al escuchar por primera vez lo que dice una persona decide qué enunciado le corresponde y escribe al lado la(s) palabra(s) que consideres clave(s); esa opción, en principio, no puede servir para otra persona porque, aunque **hay 3 enunciados que no se utilizan** y uno más que sirve de ejemplo, **cada uno de los 6 enunciados válidos se relaciona con una sola persona**.

TAREA 5

Escucharás un diálogo entre dos personas. Antes de escucharlo tienes 25 segundos ⌛ para leer los enunciados de las 6 preguntas. Tienes que indicar a qué persona se refieren los enunciados (quién habla de ese tema o a quién le sucedió); puede ser la persona (A) o la (B) o también existe la opción "Ninguno de ellos", "Ninguno de los dos" opción (C). Los enunciados de esta tarea siguen el mismo orden en el que aparece la información en la conversación. Los escucharás dos veces.

Cuando termine la segunda audición tendrás solo 30 segundos ⌛ para completar la Hoja de respuestas, por eso es muy importante que tengas ya pasadas al papel todas las respuestas de esta prueba de Comprensión auditiva (y, por supuesto, también las respuestas de la prueba de Comprensión de lectura). Cuando se escuche en la sala de examen "La prueba ha terminado", tendrás que dejar de escribir, dejar la Hoja de respuestas y el cuadernillo encima de la mesa y abandonar el lugar del examen hasta el inicio de la siguiente prueba (Expresión escrita).

Prueba de Expresión e Interacción Escritas

Consiste en 2 tareas que hay que realizar en 60 minutos ⌛. **En la segunda tarea hay dos opciones, de las que hay que elegir solo una**. Tienes que escribir los dos textos en el mismo cuadernillo donde se encuentran las pruebas y dentro del espacio que se tiene, hay que escribir entre 100-120 palabras. Esto significa que el mínimo imprescindible para aprobar son 90 palabras, es decir, un 10% menos. Si quieres escribir más palabras, recuerda que tienes solo el espacio disponible en el cuadernillo para contestar y que con **120 palabras es suficiente para realizar la tarea** que se pide en ese espacio de tiempo.

Lo mejor es contar líneas y no palabras, de modo que en cada texto tendrías que escribir aproximadamente 10-15 líneas. En principio, conviene hacer un pequeño esquema de lo que queremos escribir y saber que tenemos 30 minutos para realizar cada una de las tareas. La organización del tiempo para esta prueba (tareas 1 y 2) la haremos del siguiente modo:

- 5 minutos para leer los textos que introducen las 2 tareas;
- 5 minutos para hacer dos breves esquemas dividiendo la estructura del texto en 3 párrafos, de 4 líneas cada uno (en el esquema apuntaremos las palabras relacionadas con el tema que queremos utilizar).
- 20 minutos para escribir cada uno de los textos, dedicando 7 minutos a cada párrafo y utilizando para ello las ideas y las palabras que hemos apuntado en el esquema; y
- 10 minutos para leer y corregir lo que hemos escrito en las dos tareas, comprobando que los textos responden a lo que se nos ha pedido y que no hemos cometido ninguna falta ortográfica o gramatical. En esta fase de revisión y corrección hemos de fijarnos especialmente en los siguientes aspectos:
  - uso correcto de los signos de puntuación (¡!, ¿?) y de las mayúsculas y los acentos o tildes, así como de la ortografía de las palabras (b/v, c/z/qu, g/j, h);
  - concordancia de los singulares y plurales en verbos y en adjetivos, así como de masculinos y femeninos en artículos y en adjetivos;
  - uso adecuado de las formas verbales (de pasado y en aquellos casos que se necesite utilizar el subjuntivo).

Es importante, también, tener en cuenta que si en el texto estamos utilizando un registro formal (usted), se mantenga en todos los casos, tanto para los verbos (*escríbame, usted ha solicitado*), como para los posesivos (*su empresa, sus condiciones*).

En cuanto al tipo de textos que tienes que escribir, vas a encontrarte con lo siguiente:

- en la **tarea 1**, hay que leer un texto (noticia, correo electrónico, anuncio, etc.); lo que se pide en esta primera tarea es que escribas un correo electrónico o una carta en la que incluyas parte de la información que has leído y a partir de ella darás tu propia opinión.

  Para que el texto tenga la forma adecuada, debes recordar que en las cartas y correos electrónicos tendrás que saludar y despedirte, por ejemplo, pero también tendrás que inventar alguna historia que haga creíble el texto que vas a escribir.

  Tienes una serie de puntos en las instrucciones que no solo debes contestar, sino que te pueden servir y ayudar para organizar y estructurar el texto. Como esos puntos suelen ser 4 o 5, puedes hacer 3 párrafos y en cada uno de ellos tratar un punto de los que se piden en las instrucciones.
- en la **tarea 2**, como información de entrada tienes un tema para un foro en una de las dos opciones, y una noticia de un periódico en la otra opción. Para redactar este texto debes escribir unas 130-150 palabras y es conveniente que leas las dos opciones y hagas un esquema breve de los dos temas, porque a veces la opción que parece más difícil o que nos gusta menos es en la que tenemos más vocabulario para poder desarrollar.

En todo caso, debes pensar que el texto que escribes es verdadero, que su finalidad es conseguir lo que se te está pidiendo en la tarea, que una persona concreta va a leerlo para actuar a partir de lo que tú expones en el escrito. Por tanto, como estas tareas del examen son parecidas a las que tenemos que hacer a diario con la lengua, tú debes dar credibilidad a lo que escribes.

No creas que escribir un buen texto consiste en utilizar palabras difíciles y muy cultas; puedes y debes utilizar las palabras que conoces y que transmiten tu opinión y el mensaje que quieres expresar, preocupándote solo por el hecho de que el mensaje se comprenda y sea correcto.

Por último, **otro aspecto importante en la escritura de estos textos es que cada párrafo vaya introducido por una partícula o conector** (*en primer lugar, asimismo, sin embargo, por ese motivo*, etc.) y que el texto final no sea un conjunto de frases aisladas, sino que tenga coherencia.

Prueba de Expresión e Interacción Orales

Tiene 2 partes, cada una de ellas con 2 tareas (4 tareas en total), de las que **las dos primeras se preparan previamente**. Para esta preparación **dispones de 15 minutos**, durante los cuales puedes tomar notas para preparar el monólogo que debes realizar en la sala de examen.

En la sala de preparación tendrás papel y bolígrafo para tomar notas y debes aprovechar el tiempo para recordar el vocabulario que te servirá para llevar a cabo la tarea, así como para debatir con el examinador-entrevistador. **Esas notas que tomarás durante la preparación te van a servir para consultarlas durante la prueba, pero no puedes leerlas**, es decir, no debes escribir un texto para ir leyendo, sino que **debes hacer un esquema con las ideas principales y las palabras que quieras utilizar**. No olvides que una vez acabada cada exposición (en la tarea 1 y en la tarea 3) vas a charlar con el entrevistador, que te hará preguntas para confirmar tu opinión y tus ideas sobre los temas tratados en cada tarea.

En esta prueba de Expresión e interacción orales se evalúan cuatro aspectos de tu expresión:

- la **fluidez** con la que hablas, sin hacer demasiadas pausas para pensar y planificar;
- la **coherencia** con la que eres capaz de estructurar tu discurso, utilizando los conectores adecuados para hacer que tus intervenciones no sean frases aisladas sino que sean un conjunto organizado de ideas bien expresadas;
- el **alcance,** con el que se comprueba que tienes un amplio repertorio de palabras y expresiones para transmitir mensajes;
- la **corrección** con la que hablas, tanto desde el punto de vista gramatical como del fonético.

En la evaluación de estos cuatro apartados se valora en positivo tu actuación, no por la cantidad o gravedad de errores o fallos que cometas, sino por la capacidad que tengas de transmitir un mensaje, saber expresarte, defender tus puntos de vista y/o llegar a un acuerdo, según se va pidiendo en las diferentes tareas.

Recuerda que **antes de comenzar la primera tarea** en la sala de examen **el entrevistador realizará preguntas de presentación y elección de registro (tú/usted)**. Ten en cuenta que esta introducción no se evalúa y dura un minuto.

TAREA 1

Te ofrecerán 2 temas a elegir. Piensa en la opción del que tienes más vocabulario y sobre el que vas a poder expresar más ideas. Una vez elegido el tema, lee con detenimiento el texto que acompaña las instrucciones; a partir de ahí, toma apuntes sobre los temas más importantes del texto que has leído. Mientras vas poniendo en orden tus ideas, piensa en la situación de tu país respecto al tema concreto del que estás hablando, porque las preguntas del examinador se referirán a tus opiniones y también a la situación de tu entorno. No olvides que lo que se evalúa en esta prueba no es la calidad de tus ideas, sino tu coherencia al exponerlas y tu capacidad para expresarlas con el vocabulario adecuado; por eso se **recuerda en la prueba que tienes que ordenar las ideas, relacionándolas, dando argumentos que justifiquen tus opiniones y diferenciando las partes de exposición (principio, desarrollo y final).**

TAREA 2

Consiste en una conversación de 3 o 4 minutos con el entrevistador-examinador sobre el tema del que has hablado en la tarea anterior, aunque ahora se te va a preguntar más sobre tu experiencia personal respecto a dicho tema.

TAREA 3

El examinador te ofrecerá dos láminas a elegir y, sin preparación previa, tendrás que describir durante un par de minutos una fotografía; debes tener en cuenta al exponer que **es muy importante seguir un orden de exposición, utilizando conectores para unir las diferentes ideas** (*en primer lugar, además, sin embargo, por otra parte, por último*, etc.). Cuando termines tu exposición, el entrevistador te hará una serie de preguntas personales (relacionadas con tu experiencia) sobre este asunto. En esta tarea no solo debes describir la imagen o fotografía del tema que has elegido sino que el examinador va a preguntarte sobre alguna experiencia parecida que tú puedas contarle, qué sucedió, cómo solucionaste el problema que se planteó, cómo acabó la historia, etc.

En total, entre tu descripción del problema que hay en la foto y el diálogo con el entrevistador la prueba dura unos 3 minutos.

TAREA 4

No vas a poder prepararla previamente tampoco, pero tendrás un minuto para leer las instrucciones que aparecen en la ficha que te van a proporcionar durante el examen. Se trata de una situación simulada en la que hablarás con la otra persona a partir de un hecho relacionado con lo que has descrito en la fotografía, pero en este caso **tendrás que pedir un favor, conseguir un servicio, exponer un problema,** y para ello debes hablar durante 3 minutos aproximadamente con tu entrevistador.

EXAMEN 1

COMPRENSIÓN DE LECTURA — TAREA 1

⌛ HORA DE INICIO ___:___

Instrucciones

Usted va a leer siete textos de personas que hablan de sus gustos literarios y diez resúmenes de libros publicados en una revista. Relacione a las personas (1-6) con los textos de la revista (A-J).
HAY TRES TEXTOS DE LA CARTELERA QUE NO DEBE ELEGIR.

Marque las opciones elegidas en la **Hoja de respuestas**.

	PERSONA	TEXTOS
0.	Rosana	C
1.	Juan	
2.	Gabriel	
3.	Rocío	
4.	Antonio	
5.	Estela	
6.	Nuria	

0. ROSANA
Leo todo tipo de biografías sobre personajes históricos, vivos o muertos, de cualquier época y de cualquier país.

1. JUAN
A mi hijo Pablo, que tiene 15 años, le encantan las novelas de ciencia-ficción.

2. GABRIEL
No me gusta leer novelas, prefiero historias más cortas para poder leer cuando voy en el autobús al trabajo. Siempre que puedo compro un volumen con toda la obra de un autor.

3. ROCÍO
Me encantan las novelas de amor, sobre todo si tienen muchas aventuras y a los personajes les pasan muchas cosas.

4. ANTONIO
Me gustan los libros de divulgación científica, que tengan un poco de muchos temas y que se puedan leer fácilmente.

5. ESTELA
Quiero regalarle a Sara, mi hija pequeña, que está aprendiendo a leer, un libro que sea divertido y que tenga un protagonista de su edad más o menos.

6. NURIA
Me interesa mucho la historia, las relaciones internacionales y también la vida pública. Quiero informarme de lo que ha pasado y conocer cómo se han tomado decisiones importantes.

EXAMEN 1

REVISTA

A *El ángel gordo.* **José A. Ramírez Lozano.**
Un delicioso cuento para niños de seis años o más, que narra las aventuras de Belmiro, el ángel más niño de todo el cielo, en su primer viaje a la Tierra, para trabajar como ángel que ayuda a los niños de su edad. Pero aquí, como le gustan tanto los dulces, no hace más que cometer errores…

B *Adaptarse a la marea.* **Eduardo Punset.**
En este libro, Punset traslada las enseñanzas de la física, la biología y la psicología evolutiva a las dificultades del día a día, y las convierte en la fórmula para triunfar en nuestra vida cotidiana.

C *La vida en rojo.* **Jorge Castañeda.**
El autor descubre las caras más desconocidas de Ernesto "Che" Guevara, el hombre que marcó la vida de varias generaciones. El Che es analizado aquí a la luz de varias fuentes y documentos, que nunca antes se habían publicado.

D *Los días que vivimos peligrosamente.* **Mariano Guindal.**
La cara desconocida de la peor crisis económica que ha vivido España, explicada por uno de los periodistas económicos más conocidos, testigo directo de todo este proceso. El libro cuenta lo que pasó en los días que el país vivió graves dificultades después de la dimisión del ministro de Economía.

E *Los personajes y la democracia.* **Inocencio Arias.**
Un revelador viaje por la política internacional española de la mano de Inocencio Arias, uno de los pocos diplomáticos que ha trabajado para varios presidentes españoles en la etapa democrática. Un libro imprescindible para conocer los secretos de la diplomacia española.

F *Tanta pasión para nada.* **Julio Llamazares.**
Esta recopilación de cuentos comprende la mayoría de los que ha escrito el novelista desde hace años. En una época como esta, en la que los escaparates de las librerías están llenos de libros de ayuda y de novelas de entretenimiento, el título quizá sorprenda, pero se corresponde con el contenido de los textos.

G *Caligrafía de los sueños.* **Juan Marsé.**
A mediados de los años cuarenta, Ringo era un chico de quince años que pasaba las horas sin hacer nada en el bar de la señora Paquita, moviendo los dedos sobre la mesa. En ese local del barrio de Gracia barcelonés, el chico es testigo de la historia de amor entre Vicky Mir y el señor Alonso.

H *El retorno del Doctor Eclipse.* **Moni Pérez y Guillermo Martínez.**
Solo unos pocos conocen la existencia de Kinesia. En este pueblo secreto, los científicos más brillantes de la Tierra trabajan en los inventos del futuro, alejados de las preocupaciones del mundo. Pero el secreto mejor guardado de Kinesia es una familia: ¡los cinco Cinéticos!

I *16 olímpicos muy, muy importantes.* **César Fernández.**
Un fantástico álbum para los que quieren conocer mejor la vida y el trabajo de algunos de los deportistas olímpicos más importantes del mundo (Miguel Induráin, Nadia Comaneci, Marc Spitz, Rafa Nadal…). Con enlaces a páginas de Internet para completar la información y con dibujos de Violeta Monreal.

J *La más bella historia de amor de Paula Cortázar.* **Antonio Gómez Rufo.**
Daniel, un soldado español, regresa herido de Afganistán. Una bomba le ha dejado desfigurada la cara, pero la cirugía estética lo convierte en un hombre de una belleza ideal. Con lo que él no cuenta, ni tampoco Paula, su novia, es con la cantidad de sorpresas que van a vivir.

(*Librerías L.* Número 30. Verano 2012).

⌛ **HORA DE FINALIZACIÓN** ___:___

EXAMEN 1

COMPRENSIÓN DE LECTURA — TAREA 2

⌛ **HORA DE INICIO** ___:___

Instrucciones

Usted va a leer un texto sobre el origen del tango. Después debe contestar a las preguntas (7-12). Seleccione la opción correcta (a / b / c).

Marque las opciones elegidas en la **Hoja de respuestas**.

Dicen que el tango llegó de España. Algunos dicen que nació en Francia o Alemania. Otros dicen que en Puerto Rico, Argentina o Uruguay. Todos relacionan el tango con un instrumento llamado bandoneón, cuyo ritmo provoca a las parejas de baile de los salones del Río de la Plata. Y es cierto que allí alcanzó toda la popularidad para seguir siendo su lugar de nacimiento. Un argentino del tercer cuarto del siglo XIX podía decir que el tango es suyo, tal vez también un parisino de fin de siglo, y primeras décadas del siglo XX. Aunque a muchos les duela y otros queden sorprendidos, hace más de 180 años se creía que el tango era de origen cubano.

La palabra "tango" se encuentra en las culturas africana, hispánica y colonial. Según algunas teorías, tango derivaría de "tang", que en una de las lenguas habladas en el continente africano significa "tocar y acercarse". Así, el contenido hispánico de la palabra se acerca a la africana. Los historiadores sostienen que el tango era la palabra que utilizaban los negros para referirse a los tambores. El tango eran también los bailes que organizaban los africanos cuando llegaban, obligados, al Río de la Plata. En esas reuniones se creaban tales desórdenes, que los montevideanos ricos llegaron a pedir al virrey Francisco Javier Elío prohibir "los tangos de los negros".

Esta música nació por la misma época que el bolero, es decir, hacia 1800 o 1810 y se mezcló con la milonga. Las raíces primeras del tango fueron marginales. De origen urbano, derivado de su naturaleza popular, surgió y se desarrolló en los barrios de trabajadores que rodeaban a las ciudades rioplatenses: el puerto de Buenos Aires, una frontera dentro de la ciudad.

El grupo social que dio origen al tango fue una mezcla de inmigrantes europeos que llegaron a las orillas del Río de la Plata y que convivieron allí con antiguos esclavos negros y con soldados y campesinos pobres llegados del campo en busca de trabajo. El tango rioplatense tuvo suerte en cafeterías pobres y de mala fama. Los primeros tangos no tenían autores, a veces eran canciones populares a las que se les añadían letras amorosas. El primer tango con autor conocido es "El entrerriano", de Rosendo Mendizábal, estrenado en 1896. Veinte años después triunfó Carlos Gardel, el gran cantante de tangos, muchos de ellos escritos por Enrique Santos Discépolo, uno de los máximos poetas del tango, que lo definió como "un pensamiento triste que se baila", y así ha pasado el tiempo hasta que en 2009 la UNESCO incluyó esta música popular en su lista del Patrimonio Cultural Inmaterial de la Humanidad.

(Adaptado de Iris M. Zavala. *Tango*.)

EXAMEN 1

Preguntas

7. Según el texto, el tango…
   a) no tiene un solo país de origen.
   b) debe su nombre a un centro de espectáculos.
   c) empezó a ser famoso en el Río de la Plata.

8. En español y en una lengua africana, la palabra "tango"…
   a) se refiere a un instrumento musical.
   b) tiene significados bastante parecidos.
   c) se ha utilizado con diferentes sentidos.

9. En el texto se afirma que los africanos…
   a) bailaban el tango en señal de alegría al llegar.
   b) eran obligados a bailar cuando llegaban a América.
   c) hacían mucho ruido y daban problemas al bailar.

10. El tango empezó siendo…
    a) una música de dos países cercanos.
    b) un género cantado por campesinos.
    c) una expresión de personas pobres.

11. El texto afirma que…
    a) los tangos fueron anónimos hasta final del siglo XIX.
    b) los tangos hicieron famosos a muchos músicos.
    c) la suerte de los tangos dependía del tipo de local.

12. Según el texto…
    a) el primer tango conocido lo cantó Carlos Gardel.
    b) gran parte de los tangos de Gardel los escribió Discépolo.
    c) un tango de Mendizábal hizo famoso a Gardel.

HORA DE FINALIZACIÓN __:__

EXAMEN 1

COMPRENSIÓN DE LECTURA — TAREA 3

⌛ HORA DE INICIO ___:___

Instrucciones

Usted va a leer tres textos en los que tres personas explican por qué decidieron vivir y trabajar en España. Relacione las preguntas (13-18) con los textos (A, B o C).

Marque las opciones elegidas en la **Hoja de respuestas**.

	PREGUNTAS	A TONY	B ANA	C ZARYN
13.	¿Quién dice que puede viajar fácilmente desde Madrid?			
14.	¿Quién había trabajado en Estados Unidos cuando empezó a vivir en España?			
15.	¿Quién ha formado su familia en España?			
16.	¿Quién estuvo en España poco tiempo la primera vez?			
17.	¿Quién ha creado una empresa audiovisual?			
18.	¿Quién dice que ha sido bien aceptado por los españoles?			

TEXTOS

A. TONY

Soy un afroamericano de Nueva York que vive en Madrid. Llegué hace 10 años a España. Encontré que los españoles estaban orgullosos de su cultura y mostraban una actitud abierta y gran deseo de introducir a los extranjeros en su forma de vida. Me enamoré del estilo de vida, de la exquisita comida y de los vinos, de la vibrante vida nocturna, la arquitectura, los paisajes, el arte… Poco después conocí a mi mujer, Victoria. Ahora somos los orgullosos padres de un niño de tres años, fruto de ambas culturas. Armado con experiencia y contactos —particularmente en cine, moda y música— he lanzado una empresa especializada en marketing multicultural que tiende puentes entre la comunidad española y afroamericana.

EXAMEN 1

B. ANA

Vine por primera vez de turista a los 14 años, con mi hermano, en un viaje relámpago por todo el país. Me enamoré de la cultura española y me dije: "Tengo que vivir aquí". En 1995, después de licenciarme en la Universidad, vendí la mayoría de mis pertenencias y compré un billete a Madrid. Supe que esta sería mi ciudad. En España perseguí mis sueños profesionales y personales. Aquí logré aplicar disciplina y estilo en mi trabajo. Me motivaba construir un puente fotográfico entre las dos culturas. Es muy fácil tener Madrid como base. Puedo trabajar y en nada escaparme al campo, la playa, a otro continente... Tras varios años, he encontrado una tierra diversa, con complicaciones y diferencias, pero sobre todo una calidad de vida espectacular y divertida.

C. ZARYN

Con 15 años, pasé una temporada en España con motivo de un intercambio de estudios. Me volví a California para matricularme en la Universidad, especializándome en relaciones internacionales. Casi de inmediato participé en el lanzamiento de una pequeña empresa de innovación en la Red. Un año después, decidí volver a España y en compañía de tres amigos, arrancamos Tuenti, el sitio web más importante en España. Hoy es una pequeña gran familia que creamos de la nada. España me entusiasma por su cultura y su pluralidad. En estos años he visto crecer a España hasta convertirse en un país desarrollado en Europa; es el mejor lugar donde he vivido, por la gente, el clima, el idioma y el coste de la vida.

(Á. Corcuera y J. Ruiz Mantilla (2011). *Cómo nos ven...* El País Semanal, n° 1.814, 3 de julio de 2011).

HORA DE FINALIZACIÓN __:__

EXAMEN 1

COMPRENSIÓN DE LECTURA

TAREA 4

⏳ HORA DE INICIO ___:___

Instrucciones

Lea el siguiente texto, del que se han extraído seis fragmentos. A continuación lea los ocho fragmentos propuestos (A-H) y decida en qué lugar del texto (19-24) hay que colocar cada uno de ellos.

HAY DOS FRAGMENTOS QUE NO TIENE QUE ELEGIR.

Marque las opciones elegidas en la **Hoja de respuestas**.

Pocas ciudades del mundo pueden presentar una localización parecida a la de Quito, en medio de la zona más calurosa del planeta, en uno de los puntos de la mitad ecuatorial, a igual distancia de los Polos. No son muchos los países ecuatoriales (además de Colombia y Brasil en América, están Indonesia en Asia y en África Santo Tomé, Gabón, Congo, Zaire, Uganda, Kenia y Somalia). **19** ___ _____. Casi todas ellas, por estar en el trópico, son poblaciones poco adecuadas para el desarrollo de la vida humana. Quito, en cambio, goza de una "eterna primavera", por encontrarse sobre los Andes.

En efecto, la ciudad de Quito se encuentra en el sistema montañoso del Pichincha. **20** _____ _____. Elevada a 2.860 metros sobre el nivel del mar, ha sido llamada "ciudad de las nubes". Para llegar hasta ella, todos los caminos suben.

La ciudad, ya desde lejos, parece uno de esos "belenes" o "nacimientos" que hacemos en Navidad, en los que se colocan decenas de casitas en medio de montañas, unas y otras de cartón, tela y papel, adornadas para parecer reales. **21** ___ _____. Miremos desde donde miremos, desde las alturas o desde lejos, al acercarse a la ciudad por cualquier camino o al verla desde las alturas de la Cordillera Oriental, siempre tenemos esa impresión de que es una ciudad preciosa.

Complemento de esa belleza es el cielo de Quito, tan cantado por los poetas. Realmente es único, tanto si está limpio, sin nubes (algo que sucede con frecuencia, sobre todo en las mañanas de julio), como si está lleno de nubes y amenazando tempestad. **22** _____ _____. Cada atardecer, al igual que cada madrugada, son distintos e irrepetibles.

Todos los días sale el sol a las seis en punto de la mañana; todos los días, se oculta a las seis en punto de la tarde. ¡Durante todo el año! Los ecuatorianos, acostumbrados a esa realidad en la que han nacido, no se dan cuenta de lo que tiene de extraordinario, para la mayoría de los seres humanos nacidos en lugares donde con las cuatro estaciones cambia la duración de los días y las noches.

El clima de Quito, como se ha dicho, es el de la primavera perpetua. Una agradable temperatura media de 13°, con algo de frío a la madrugada y al anochecer, y un poco de calor a mediodía. En Quito no se necesita nunca la calefacción. **23** ___ _____. Nunca en la historia Quito ha registrado una temperatura de 0°, ni siquiera en la madrugada.

El clima de Quito es tan excepcional que permite todos los cultivos, algo que sucede en muy pocos lugares del mundo. **24** _____ _____. Igualmente, todas las flores de la Tierra pueden cultivarse en los jardines de Quito: las rosas y la magnolia que perfuma el ambiente, las orquídeas, los lirios y las violetas.

(Jorge Benavides Solís. *Quito*. Ediciones de Cultura

EXAMEN 1

FRAGMENTOS

A	Vale la pena subir alguna de las colinas cercanas para ver salir el sol, y también esperar doce horas para verlo ocultarse detrás del Pichincha
B	El rey de Quito, en la prehistoria, se llamaba Chiri, Shiri o Scyri (que en quechua significa *frío*), es decir, "el señor del frío"
C	Es una de las ciudades más altas del mundo: entre las capitales, solamente La Paz, en Bolivia, y Lhasa, en el Tíbet, la superan
D	Cada año, durante varios días, se puede ver, desde muchos sitios de la ciudad, la presencia magnífica de todas las cumbres del Chimborazo (6.267 metros)
E	El pino nórdico crece junto a la palmera tropical y a otros árboles que solo se encuentran en las zonas templadas del planeta
F	Pero la belleza misma del paisaje de Quito supera la imaginación, vista la ciudad desde cualquier punto de vista
G	Sin embargo, ninguno de ellos tiene una ciudad de un millón de habitantes sobre la misma Línea, o a escasa distancia, como Quito
H	Incluso las chimeneas son, normalmente, un adorno en los salones de las casas

HORA DE FINALIZACIÓN __:__

EXAMEN 1

COMPRENSIÓN DE LECTURA — TAREA 5

⏳ HORA DE INICIO ___:___

Instrucciones

Lea el texto y rellene los huecos (25-30) con la opción correcta (a / b / c).

Marque las opciones elegidas en la **Hoja de respuestas**.

El miércoles es el día de más trabajo **25**_____ mí. Durante la mañana, tengo las horas de consulta con los estudiantes; por la tarde, doy mis clases. Vuelvo a casa muy cansado a la hora en la que hay más gente, entre las seis y las siete. A todos se nos nota el cansancio en las caras: has trabajado, vas **26**_____ tu casa, puedes estar tranquilo.

27_____ salir del metro miro desde el andén hacia el interior del vagón y veo a alguien que me mira un momento: esa mujer de pelo rojo recogido, de ojos grandes, de piel muy blanca, es alguien a quien conozco, aunque ahora mismo no sé por qué motivo o razón. Me pregunto dónde **28**_____ esa cara que sigue tan clara en el recuerdo, de qué conozco a esa mujer.

Entonces me doy cuenta. Es exactamente una cara que aparece en varios cuadros de Manet: mira siempre **29**_____ el otro lado del cuadro como debió de mirar al pintor cuando la **30**_____. Una doble o una descendiente suya viajaba hoy en el metro y su mirada se ha encontrado con la mía.

(Antonio Muñoz Molina. *Escrito en un instante*. http://antoniomuñozmolina.es/2012/04/una-cara/).

OPCIONES

25. a) para   b) por   c) de
26. a) en   b) de   c) a
27. a) Por   b) Con   c) Al
28. a) vea   b) he visto   c) veo
29. a) por   b) en   c) desde
30. a) pintará   b) pintaba   c) pinte

⏳ HORA DE FINALIZACIÓN ___:___

EXAMEN 1

COMPRENSIÓN AUDITIVA

TAREA 1 Pista 1

Instrucciones

Usted va a escuchar seis mensajes de megafonía. Escuchará cada mensaje dos veces. Después debe contestar a las preguntas (1-6). Seleccione la opción correcta (a / b / c).
Marque las opciones elegidas en la **Hoja de respuestas**.

Ahora tiene 30 segundos para leer las preguntas.

PREGUNTAS

Mensaje 1
1. ¿Qué ha sucedido?
   a) El coche lleva mal aparcado un cuarto de hora.
   b) Los camiones de la empresa no pueden entrar.
   c) El conductor ha aparcado en un lugar reservado.

Mensaje 2
2. ¿Qué información proporciona este mensaje?
   a) Los camareros entregarán el menú a quienes lo soliciten.
   b) El restaurante estará abierto hasta el final del trayecto.
   c) Los viajeros disponen del menú que ofrece el restaurante.

Mensaje 3
3. ¿Qué información proporciona el guía turístico al grupo?
   a) En ese momento el grupo puede visitar un palacio cercano.
   b) En el programa está previsto que el grupo vaya al museo.
   c) Los turistas deben esperar al autobús en el mismo lugar.

Mensaje 4
4. ¿Qué va a suceder durante las fiestas?
   a) En la panadería todos los productos estarán de oferta.
   b) Algunos pescados se pueden comprar más baratos.
   c) El supermercado estará abierto con horario especial.

Mensaje 5
5. ¿De qué informa el Metro de Barcelona?
   a) Se propone utilizar las líneas de autobús urbano.
   b) Se anuncia el cierre temporal del servicio de metro.
   c) Se informa de la duración que tendrán las obras.

Mensaje 6
6. ¿Cuántas funciones ofrece el Gran Circo Mundial el sábado?
   a) Tres, en total.
   b) Dos, por la tarde.
   c) Una, a mediodía.

EXAMEN 1

COMPRENSIÓN AUDITIVA

TAREA 2 Pista 2

Instrucciones

Usted va a escuchar a Mary Nash, una profesora irlandesa que trabaja en Barcelona, en "Mujeres del mundo", un programa de entrevistas en el que las mujeres cuentan su experiencia profesional. Escuchará la audición dos veces. Después debe contestar a las preguntas (7-12). Seleccione la opción correcta (a / b / c).

Marque las opciones elegidas en la **Hoja de respuestas**.

Ahora tiene 30 segundos para leer las preguntas.

PREGUNTAS

7. Según la audición, Mary llegó a Barcelona…
   a) para estudiar Historia en la Universidad.
   b) por el único medio de transporte posible.
   c) porque quería quedarse allí para siempre.

8. La asignatura "Historia de las Mujeres"…
   a) no existía en España en aquel momento.
   b) la impartía un profesor, no una mujer.
   c) fue la que más le gustó en sus estudios.

9. En la audición se dice que, antes de vivir en España, Mary había…
   a) trabajado como historiadora.
   b) vivido en otros países.
   c) decidido ser historiadora.

10. En el Archivo Histórico de Barcelona, esta persona…
    a) comenzó a entrevistar a mujeres del exilio republicano.
    b) encontró una sección especial dedicada a las mujeres.
    c) pudo leer obras que no se permitía ver al público.

11. En la audición se afirma que…
    a) la tesis doctoral que estaba escribiendo Mary tenía un tema novedoso.
    b) la Universidad organizaba todos los años un encuentro sobre mujeres.
    c) por primera vez las mujeres pudieron hablar en la Universidad en las jornadas.

12. Cuando Mary defendió su tesis doctoral…
    a) ya había muchos libros sobre el tema.
    b) ya habían nacido sus dos hijos.
    c) ya había leído otra tesis en Madrid.

EXAMEN 1

COMPRENSIÓN AUDITIVA

TAREA 3 Pista 3

Instrucciones

Usted va a escuchar un programa informativo de radio con seis noticias. Escuchará el programa dos veces. Después debe contestar a las preguntas (13-18). Seleccione la opción correcta (a / b / c).

Marque las opciones elegidas en la **Hoja de respuestas.**

Ahora tiene 30 segundos para leer las preguntas.

PREGUNTAS

Noticia 1

13. El libro de la Universidad de Valencia…
    a) es el primero que se publica sobre este tema.
    b) contiene dos capítulos sobre obras artísticas.
    c) incluye biografías de unos artistas importantes.

Noticia 2

14. En los últimos años, en la provincia de Castellón…
    a) se han descubierto 90 huesos de dinosaurio.
    b) se trabajó para encontrar huesos antiguos.
    c) se buscan animales de diferentes tamaños.

Noticia 3

15. El primer programa de "¿Qué hago yo aquí?"…
    a) presenta la vida de una periodista fuera de España.
    b) muestra las formas de vida en un país peligroso.
    c) quiere enseñar cómo se vive en un clima muy frío.

Noticia 4

16. En la Vuelta Ciclista al País Vasco…
    a) el ganador ha sido un ciclista español.
    b) ha ganado el equipo australiano Sky.
    c) el corredor Mato ganó la contrarreloj.

Noticia 5

17. Mañana, por la tarde, en Galicia…
    a) hará más frío que en el sur de España.
    b) puede que llueva a primera hora.
    c) hará más calor que por la mañana.

Noticia 6

18. La predicción para los Capricornio en este día es..
    a) que puede tener algunos dolores y molestias.
    b) que debe ser afectuoso con sus seres queridos.
    c) que debe tener cuidado al gastarse el dinero.

EXAMEN 1

COMPRENSIÓN AUDITIVA

TAREA 4 Pista 4

Instrucciones

Usted va a escuchar a seis personas que hablan sobre sus experiencias universitarias. Escuchará a cada persona dos veces. Seleccione el enunciado (A-J) que corresponde al tema del que habla cada persona (19-24).

Hay diez enunciados incluido el ejemplo. Seleccione seis.
Marque las opciones elegidas en la **Hoja de respuestas.**

Ahora escuche el ejemplo:

> **Persona 0**
> La opción correcta es el enunciado **C.**
>
> A B C D E F G H I J
> 0. ☐ ☐ ■ ☐ ☐ ☐ ☐ ☐ ☐ ☐

Ahora tiene 20 segundos para leer los enunciados.

ENUNCIADOS	
A.	Eligió una carrera que no le gustaba.
B.	Empezó a trabajar mientras estudiaba.
C.	No acabó sus estudios.
D.	Le gustaba mucho una asignatura.
E.	Tuvo que cambiar de ciudad.
F.	Prefería estudiar en la biblioteca.
G.	Alquiló un piso con sus amigos.
H.	Le resultó difícil aprobarlo todo.
I.	No hizo muchos amigos.
J.	Se durmió en una clase.

	PERSONA	ENUNCIADO
	Persona 0	C
19.	Persona 1	
20.	Persona 2	
21.	Persona 3	
22.	Persona 4	
23.	Persona 5	
24.	Persona 6	

EXAMEN 1

COMPRENSIÓN AUDITIVA

TAREA 5 Pista 5

Instrucciones

Usted va a escuchar una conversación entre dos amigos, Lucas y Susana. Indique si los enunciados se refieren a Lucas (a), a Susana (B) o a ninguno de los dos (C). Escuchará la conversación dos veces.

Marque las opciones elegidas en la **Hoja de respuestas**.

Ahora tiene 25 segundos para leer los enunciados.

		A Lucas	B Susana	C Ninguno de lo dos
0.	Hace régimen.	X		
25.	Se lesionó practicando un deporte.			
26.	Va a pie al trabajo.			
27.	Tiene el pasaporte caducado.			
28.	Cambió de canal.			
29.	Lamenta que no vio el programa completo.			
30.	Llevó exceso de equipaje en un viaje.			

EXAMEN 1

EXPRESIÓN E INTERACCIÓN ESCRITAS — TAREA 1

⏳ **HORA DE INICIO** ___:___

Instrucciones

Usted ha recibido un correo electrónico de un amigo español.

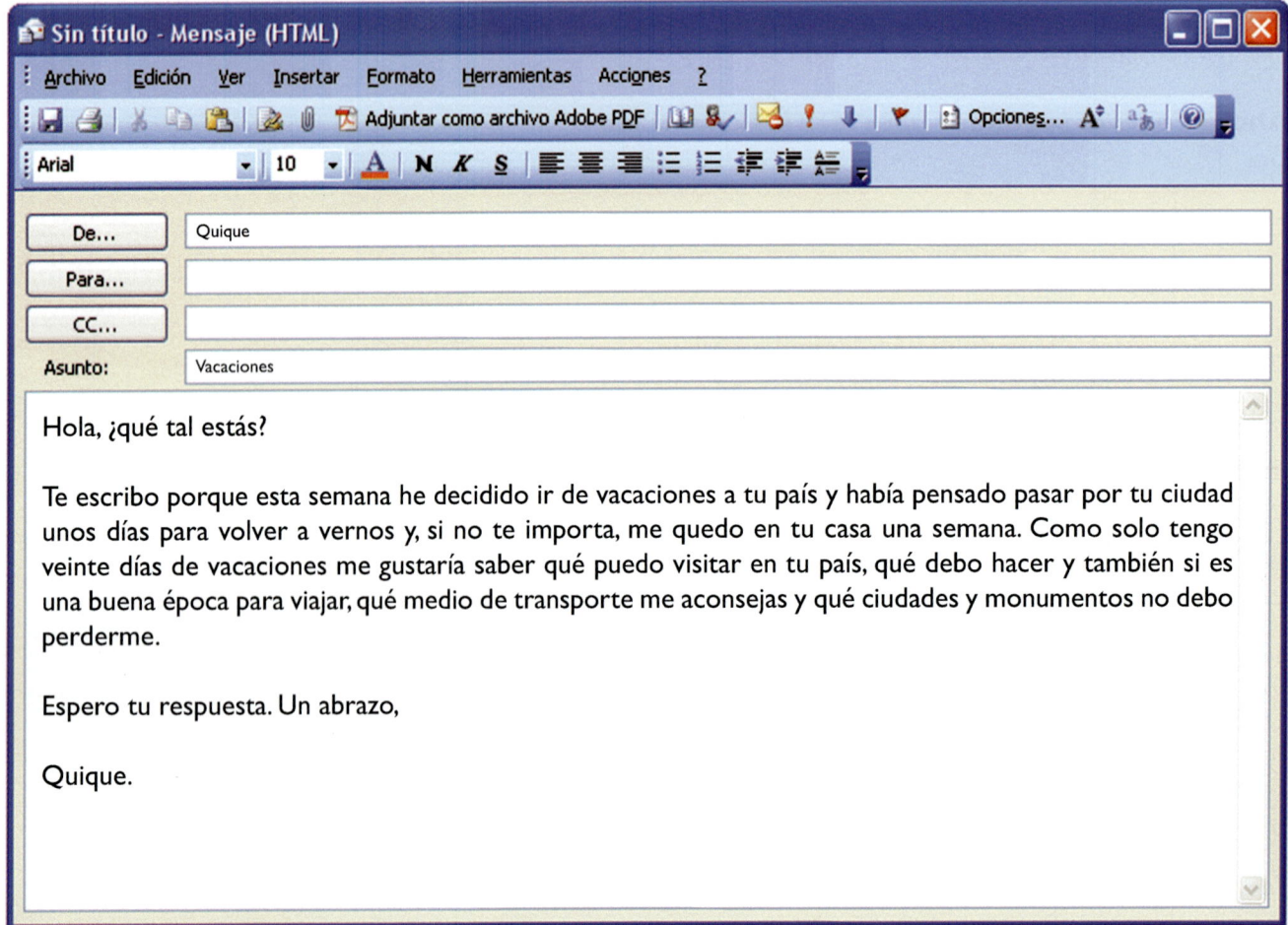

Escriba un correo electrónico a Quique. En él deberá:
- saludar;
- aconsejar qué puede hacer en su país;
- aceptar su propuesta e indicarle las fechas que usted prefiere;
- despedirse.

Número de palabras: entre 100 y 120.

⏳ **HORA DE FINALIZACIÓN** ___:___

EXAMEN 1

EXPRESIÓN E INTERACCIÓN ESCRITAS

TAREA 2

⏳ HORA DE INICIO ___:___

Instrucciones

Elija solo una de las dos opciones que se le ofrecen a continuación.

Número de palabras: entre 130 y 150.

OPCIÓN 1

Lea el siguiente anuncio de trabajo:

> Importante empresa de carácter internacional precisa urgentemente trabajadores en diferentes puestos.
> No es necesaria experiencia.
> Buscamos personas con posibilidad de cambiar de horarios y trabajar en turno de mañana o tarde.
> Enviar currículum con una carta de motivación.
> Incorporación inmediata.

Redacte un texto para enviar a la empresa en el que deberá:

- expresar su interés por el trabajo;
- indicar cuál es su formación académica y profesional;
- explicar qué cualidades tiene como trabajador;
- contar qué trabajo desea realizar;
- informar de su disponibilidad.

⏳ HORA DE FINALIZACIÓN ___:___

EXAMEN 1

OPCIÓN 2

🕰 **HORA DE INICIO** ___:___

Lea el siguiente anuncio de alquiler de piso:

> Alquilo piso céntrico al lado del parque, muy cerca del mercado y la escuela del barrio. Cocina amueblada con terraza, gran salón con vistas al paseo, 3 habitaciones dobles, baño, aseo y trastero. Es un primero sin ascensor, 295€/mes comunidad incluida.

Redacte un texto para enviar al propietario del piso en el que deberá:

– exponer su situación familiar;
– explicar qué tipo de vivienda necesita;
– especificar el tipo de contrato que desea;
– solicitar información sobre el piso;
– proponer una fecha para visitar la vivienda.

🕰 **HORA DE FINALIZACIÓN** ___:___

EXAMEN 1

EXPRESIÓN E INTERACCIÓN ORALES

TAREA 1

A continuación, tiene un tema y unas instrucciones para realizar una exposición oral.

Tendrá que hablar durante **2 o 3 minutos** sobre el tema. El entrevistador no intervendrá en esta parte de la prueba.

Instrucciones

Cuente qué **recetas de cocina** sabe usted hacer y le gusta preparar.

- Incluya información sobre:
  - qué ingredientes lleva y cómo se prepara;
  - cuándo la suele preparar y cuánto tiempo tarda;
  - cuándo la hizo por última vez y para quién;
  - quién se la enseñó.

- No olvide:
  - diferenciar las partes de su exposición: comienzo, desarrollo y final;
  - ordenar y relacionar bien las ideas;
  - justificar sus opiniones y sentimientos.

TAREA 2 Pista 6

Instrucciones

Cuando termine su exposición, usted deberá mantener una conversación con el examinador sobre el mismo tema durante **3 o 4 minutos.**

Escuche ahora las preguntas de la **pista 6.** Detenga el reproductor para contestar después de cada pregunta.

EXAMEN 1

EXPRESIÓN E INTERACCIÓN ORALES TAREA 3 Pista 7

Instrucciones

Observe la siguiente imagen.

A continuación describa con detalle lo que ve en la foto y lo que imagina que está ocurriendo.

Estos son algunos aspectos que puede comentar:
- las personas: cuántas son, dónde están, cómo son, qué hacen.
- el lugar en el que se encuentran: cómo es.
- los objetos: qué objetos hay, dónde están, cómo son.

Posteriormente el entrevistador le hará algunas preguntas.

Escuche ahora las preguntas de la **pista 7**. Detenga el reproductor para contestar después de cada pregunta.

La duración total de esta tarea es de **2 a 3 minutos.**

EXAMEN 1

EXPRESIÓN E INTERACCIÓN ORALES

TAREA 4 Pista 8

Instrucciones

Usted debe dialogar con el entrevistador en una situación simulada durante 2 o 3 minutos.

Usted desea practicar un deporte semanalmente. Para ello acude a un gimnasio.

El examinador será la persona del gimnasio encargada de informarle sobre el programa de preparación física. Hable con él siguiendo estas indicaciones.

CANDIDATO
Durante la conversación con la persona del gimnasio usted quiere: – explicar el deporte que le gustaría practicar; – preguntar por el horario de apertura de las instalaciones; – decir qué días tiene usted libres para entrenar; – preguntar por el precio del curso; – saber qué instalaciones y servicios tiene derecho a utilizar.

Escuche ahora las preguntas de la **pista 8.** Detenga el reproductor para contestar después de cada pregunta.

La duración total de esta tarea es de **2 a 3 minutos.**

EXAMEN 2

COMPRENSIÓN DE LECTURA

TAREA 1

⌛ HORA DE INICIO ___:___

Instrucciones

Usted va a leer siete textos de personas que hablan de lo que les gusta hacer en vacaciones y diez propuestas de actividades. Relacione a las personas (1-6) con los textos de las propuestas (A-J).
HAY TRES TEXTOS QUE NO DEBE SELECCIONAR.

Marque las opciones elegidas en la **Hoja de respuestas**.

	PERSONA	TEXTOS
0.	Luis	J
1.	Paqui	
2.	Leonor	
3.	Eduardo	
4.	Carmen	
5.	Alejandra	
6.	Guille	

0. LUIS
Vienen unos amigos de vacaciones y quiero llevarlos a un sitio original para que prueben platos tradicionales.

1. PAQUI
Me gustaría ver alguna muestra artística relacionada con el cine y la música, mis dos grandes pasiones.

2. LEONOR
Quiero tomar algo tradicional en un sitio tranquilo al aire libre; no soporto la música en los locales de playa.

3. EDUARDO
Tengo ganas de salir a pasear por el campo con mis amigos; nos encanta la naturaleza.

4. CARMEN
Después de cenar solemos salir a tomar algo con los niños.

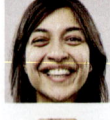

5. ALEJANDRA
A mis compañeros de clase y a mí nos encantan los conciertos al aire libre, las fiestas y pasar la noche en la playa.

6. GUILLE
No nos gusta quedarnos en casa con los niños viendo la tele por las noches, pero tampoco queremos gastar mucho dinero.

EXAMEN 2

PROPUESTAS

A Los jueves vuelve el Mercado de Segunda Mano. Desde las 7 de la tarde podrás disfrutar de una gran variedad de artículos: ropa, discos, accesorios, decoración, libros, antigüedades, etc. También habrá espectáculos, clases de salsa gratuitas, música en directo, etc.

B Heladería *La Alcoyana*. Abierta desde el mediodía hasta la medianoche. Helados para todos los gustos, refrescos, batidos, zumos naturales. Disfruta de nuestra terraza y de nuestras especialidades a cualquier hora del día.

C La Feria de Antigüedades reúne a los aficionados a las piezas antiguas, coleccionistas, amantes del arte y público en general. En la exposición conviven artículos muy diferentes –muebles, cuadros, ropa de hogar, joyas, libros, monedas, etc.– que cumplen el requisito de superar los cincuenta años de antigüedad.

D Los Ayuntamientos de Pego y Los Valles han organizado una serie de rutas turísticas y culturales por el valle para las próximas semanas. La primera salida tendrá lugar el próximo sábado 1 de mayo.

E *La Casa Encendida* ofrece cada semana múltiples actividades para los más pequeños. Uno de los espacios que más importancia tiene es su Biblioteca joven, destinada a fomentar la lectura y los valores educativos entre niños y jóvenes. A través de talleres, cuentacuentos y otras propuestas didácticas, los participantes se van familiarizando con el mundo de la creatividad y la literatura.

F Todos los martes de este verano, a las 10 de la noche, tienes una cita en la playa. Cada semana podrás ver totalmente gratis películas elegidas para que gusten a toda la familia. Todas se verán en español, con subtítulos en inglés.

G *Cine Joven* presenta una exposición con los dibujos originales que Javier Mariscal creó para la película de dibujos animados "Chico & Rita", en la que se une el dibujo con el jazz latino.

H El próximo 20 de julio, con su actuación en el Festival de Jazz de Peñíscola, inicia su gira española el músico norteamericano B. B. King. Este primer concierto se celebrará en el puerto, un lugar con capacidad para más de cuatro mil personas.

I Bar de playa con estilo. Un lugar diferente y silencioso con estética industrial a orillas del mar. Te ofrecemos un menú a base de ensaladas, arroces y pescados preparados con recetas típicas de la región. Puedes llegar en metro, en autobús y en tranvía.

J La provincia de Alicante celebra la segunda semana gastronómica "Tapas, vinos y pescados", en la que participarán un total de 54 restaurantes de toda la provincia. En la guía "Lo mejor de la gastronomía" puede encontrar toda la información sobre esta actividad.

(*Librerías L.* Número 30. Verano 2012).

HORA DE FINALIZACIÓN __:__

EXAMEN 2

COMPRENSIÓN DE LECTURA — TAREA 2

⏳ **HORA DE INICIO** ___:___

Instrucciones

Usted va a leer un texto sobre la historia de la moda en España. Después debe contestar a las preguntas (7-12). Seleccione la opción correcta (a / b / c).

Marque las opciones elegidas en la **Hoja de respuestas**.

Seguramente no hay en la historia de la moda un siglo con tanto movimiento como el que dejamos atrás hace poco más de una década. El siglo XX, con sus continuos avances sociales, significó para las mujeres la conquista de muchas reivindicaciones que afectaron no solo a sus derechos, sino también a su forma de vestir.

En España, deprimida por la reciente pérdida de las colonias, a principio de siglo, para la mayoría de las mujeres, la moda casi no existía. Educadas en las labores de costura y de bordados, las clases más pobres hacían su propia ropa, mientras que la burguesía dejaba el tema en manos de modistas, sastres y costureras.

En 1909 nació en Barcelona *Hogar y Moda*, una de las primeras revistas para mujeres. A través de sus páginas, las españolas se enteraron de lo que se llevaba en Londres o en París, y un par de décadas más tarde, en el cine americano. En ella aparecieron las primeras mujeres con el pelo corto que bebían, fumaban y bailaban. Los locos años 20 llegaron a nuestro país casi en los 30.

En San Sebastián, la burguesía invadía las playas para intentar coger un rayo de sol. Poco a poco, se descubrió que las españolas tenían brazos, hombros y piernas. Solo unas pocas jóvenes ricas de Madrid, Barcelona u otras ciudades grandes, se atrevían a ser modernas o podían permitírselo. Las más adelantadas imitaban el estilo francés. Aquellas figuras masculinas eran mucho más que una simple apariencia. Estas inconformistas renunciaban a ser delicadas mujeres guiadas por los hombres. Querían vestirse y comportarse a su gusto.

Cuando parecía que las mujeres de nuestro país empezaban a tener un futuro, la llegada de la dictadura del general Primo de Rivera significó un nuevo paso atrás en las libertades.

Afortunadamente para las mujeres, el 14 de abril de 1931 se proclamó la República, un régimen que significó grandes avances como la llegada del voto femenino, el divorcio y el matrimonio civil. A pesar de ello, no todas se vieron igualmente beneficiadas: en los pueblos, las mujeres seguían vistiendo de negro. La dictadura franquista aisló a España del resto del mundo y la miseria de la posguerra cambió las prioridades: era más importante comer que vestir bien.

Con la década de los 50 comienza la época del desarrollo, la industrialización y el turismo. Otra gran revolución fue la aparición de las fibras sintéticas a finales de los 40. Permitían dotar de elasticidad a los tejidos y las prendas se adaptaban al cuerpo.

(Adaptado de Anna Vallés. "La vida interior de las españolas". *El País*, 6 de mayo de 2012).

EXAMEN 2

Preguntas

7. Este texto fue escrito…
   a) a finales del siglo XX.
   b) a principios del siglo XX.
   c) a principios del siglo XXI.

8. Según el texto, las mujeres pobres de principios de siglo…
   a) no podían vestir a la moda por falta de dinero.
   b) cosían sus vestidos porque les habían enseñado.
   c) compraban en tiendas la ropa que usaban.

9. La revista *Hogar y Moda*…
   a) se publicaba fuera de España.
   b) mostraba a las actrices de cine.
   c) enseñaba a bailar mejor en público.

10. Las mujeres empezaron a mostrar partes de su cuerpo…
    a) con la costumbre de tomar el sol.
    b) porque llevaban el pelo muy corto.
    c) durante la dictadura de Primo de Rivera.

11. Las primeras españolas que copiaron la moda francesa…
    a) fueron las chicas de San Sebastián.
    b) lo hicieron aconsejadas por sus maridos.
    c) lo hicieron para decidir con libertad.

12. En la España rural, después de la guerra civil…
    a) las mujeres siguieron vistiendo igual.
    b) reapareció el interés por la moda.
    c) se popularizaron las fibras sintéticas.

HORA DE FINALIZACIÓN ___:___

EXAMEN 2

COMPRENSIÓN DE LECTURA — TAREA 3

⏳ HORA DE INICIO ___:___

Instrucciones

Usted va a leer tres textos en los que tres jóvenes cuentan cómo han vuelto a estudiar después de dejar la enseñanza obligatoria. Relacione las preguntas (13-18) con los textos (A, B o C).

Marque las opciones elegidas en la **Hoja de respuestas**.

PREGUNTAS

		A MANUEL	B CRISTINA	C JUNIOR
13.	¿Quién ha vuelto a estudiar al quedarse en paro?			
14.	¿Quién dejó de estudiar dos veces?			
15.	¿Quién tiene proyectos de continuar sus estudios?			
16.	¿A quién le queda un curso para terminar sus estudios?			
17.	¿Quién no ha aprobado en dos ocasiones el mismo curso?			
18.	¿Quién fue progresando en su trabajo?			

TEXTOS

A. MANUEL

Me tuve que poner a trabajar a los dieciséis años, porque en mi casa hacía falta el dinero; había repetido un curso y estaba a punto de repetir de nuevo, así que abandoné. Entré a trabajar en una fábrica de galletas, donde aún trabajaba mi padre. Primero, mi empleo consistía en envasar y después pasé a desarrollar labores de logística. Hace dos años, la crisis llegó a la empresa y nos despidieron a siete trabajadores. Estuve buscando trabajo, pero sabía que sin el título de Enseñanza Secundaria no iba a encontrar nada, así que volví a estudiar en el centro de educación de adultos; no me ha resultado muy difícil retomar los libros y este año, con suerte, sacaré por fin el título de Secundaria.

EXAMEN 2

B. CRISTINA

La primera vez que dejé el instituto fue porque no me gustaba estudiar, simplemente no le veía sentido. Tenía 16 años. Retomé los libros un par de años después, pero no sé por qué no llegué a examinarme entonces de las pruebas libres de Secundaria cuando estaba a punto de hacerlo. Ahora trabajo en un empleo de temporada, los veranos, en una lavandería industrial, y nunca me he quedado en paro, pero he vuelto a estudiar simplemente porque quiero mejorar. Me quedan dos años para obtener el título básico, y entonces ya veremos, pasito a pasito, supongo que seguiré estudios en Formación Profesional o, tal vez, el Bachillerato y si todo va bien, ojalá algún día pueda estudiar en la Universidad.

C. JUNIOR

Tengo 18 años, estudio en el centro de adultos de Inca, porque sin título no hay trabajo. Nací en la República Dominicana, pero llegué a España a los ocho años; mi padre es carpintero, mi madre está en paro y tengo un hermano de quince años que sigue en el Instituto. Nunca he abandonado los estudios, pero de la Educación Secundaria Obligatoria he tenido que pasar a un programa de cualificación profesional que he suspendido ya dos veces, así que del instituto he pasado directamente a un curso de la escuela de adultos, donde vuelvo a empezar desde el principio y sé que ahora me quedan tres cursos hasta conseguir el título.

(*El País*, J. A. Aunión, "La paradoja del regreso a las aulas", 3 de febrero de 2013).

HORA DE FINALIZACIÓN ___ : ___

EXAMEN 2

COMPRENSIÓN DE LECTURA

TAREA 4

⏳ **HORA DE INICIO** ___:___

Instrucciones

Lea el siguiente texto, del que se han extraído seis fragmentos. A continuación lea los ocho fragmentos propuestos (A-H) y decida en qué lugar del texto (19-24) hay que colocar cada uno de ellos.

HAY DOS FRAGMENTOS QUE NO TIENE QUE ELEGIR.

Marque las opciones elegidas en la **Hoja de respuestas.**

El culto al apóstol Santiago, que en el siglo IX aparece localizado en Galicia, se extendió rápidamente a Francia y desde allí comenzaron a llegar a la España medieval, tras recorrer Europa, numerosos peregrinos desde tiempos muy tempranos. Al seguir el camino terrestre, los peregrinos tenían que cruzar los Pirineos y atravesar Navarra. Los diferentes caminos o rutas europeos se unían en Roncesvalles. Aquellos peregrinos que **19** _____. Desde allí pasaban por Jaca, para juntarse en Puente la Reina con los que habían entrado por Roncesvalles. Los puntos que atravesaban la ruta se vieron enriquecidos por la llegada de vendedores y comerciantes y el nacimiento de nuevas ciudades, así como por unas interesantes novedades artísticas y literarias, de manera especial en la época del Románico.

Tierras y hombres de Navarra se abrieron desde el siglo XI a horizontes europeos que **20** _____. La España medieval, en plena reconquista de los territorios en poder de los reinos musulmanes, verá configurarse el Camino de Santiago como ruta más segura que **21** _____. Nació de esa forma el Camino de Santiago con resultados riquísimos para Navarra, por el que **22** _____.

Una primera consecuencia de este camino será la llegada de un buen número de caminantes europeos desde fines del siglo XI. Concretamente, se vio surgir un nuevo grupo de hombres de negocios, artesanos, vendedores, hospederos y cambistas de moneda que crearán una auténtica burguesía que **23** _____. Con la llegada de aquella gente se fueron creando las nuevas ciudades de extranjeros en Jaca, Sangüesa si entraban por Aragón, o Pamplona y Puente la Reina si lo hacían por Roncesvalles. Todas esas ciudades recibirían una situación legal propia. Hoy día, un recorrido por aquellos lugares por donde iba la ruta de peregrinación nos habla de tradición oral, con numerosas leyendas y sobre todo con importantes conjuntos monumentales. En el inicio del recorrido, Roncesvalles significa la historia legendaria de estas tierras con la batalla de ese lugar. En Pamplona las llamadas al Camino son numerosas. En primer lugar su catedral, que **24** _____. Conocemos la existencia, cerca del gran edificio de la catedral, de hospitales, algunos de ellos para extranjeros. El otro punto de referencia para los peregrinos en la capital navarra era la parroquia de San Cernín.

EXAMEN 2

FRAGMENTOS

A	pasarían los peregrinos en dirección a la tumba de Santiago, en Compostela, a través de las tierras riojanas, castellanas, leonesas y gallegas
B	llegaban desde Bizancio, Italia o Alemania
C	se construyó en el último siglo de la Edad Media sobre una iglesia románica
D	favoreció la aparición de una serie de ciudades y mercados a lo largo del Camino que atravesaba el Reino de Navarra
E	los caminos usados con anterioridad, por tierras vascas, cántabras y asturianas, todos ellos caminos de montaña
F	creció con rapidez y sería con el tiempo un factor más de tranquilidad en el reino de Navarra
G	a la vez que iban a Roma seguían por el sur de Francia y entraban por Somport
H	daría lugar a un rápido cambio social

HORA DE FINALIZACIÓN ___:___

EXAMEN 2

COMPRENSIÓN DE LECTURA — TAREA 5

⏳ **HORA DE INICIO** ___:___

Instrucciones

Lea el texto y rellene los huecos (25-30) con la opción correcta (a / b / c).

Marque las opciones elegidas en la **Hoja de respuestas**.

La destrucción del clima y de la poesía

Estimado Sr. Director:

Gustavo Adolfo Bécquer, una de las figuras más importantes del Romanticismo español, escribió en uno de sus poemas este verso: "Mientras **25**_____ en el mundo primavera, ¡habrá poesía!".

Este poeta del siglo XIX no **26**_____ un profeta y tampoco creo en el compromiso de Bécquer con el movimiento ecologista y contra el cambio climático; sin embargo, imagino que más bien **27**_____ que la poesía era algo eterno, al igual que la primavera que él conocía. Ahora, en el siglo XXI, estamos destruyendo nuestro clima, con los gases producidos **28**_____ fábricas y medios de transporte, con las basuras y los residuos en grandes cantidades, con la pérdida de los bosques. Todo esto, desde luego, no parece muy poético…

Si nuestra sociedad **29**_____ por este camino, estoy segura de que conseguirá destruir la primavera que conoció Bécquer en su siglo XIX y, con ello, la poesía eterna **30**_____ soñó para los próximos siglos.

(África Martínez Amezcua. *El País*. Jueves, 19 de enero de enero de 2012).

OPCIONES

25. a) haya   b) es   c) sea
26. a) estaría   b) fue   c) sería
27. a) piense   b) pensaría   c) piensa
28. a) de   b) por   c) hacia
29. a) seguiría   b) siga   c) sigue
30. a) quien   b) que   c) cual

⏳ **HORA DE FINALIZACIÓN** ___:___

EXAMEN 2

COMPRENSIÓN AUDITIVA

TAREA 1 Pista 9

Instrucciones

Usted va a escuchar seis mensajes del buzón de voz de un teléfono. Escuchará cada mensaje dos veces. Después debe contestar a las preguntas (1-6). Seleccione la opción correcta (a / b / c).
Marque las opciones elegidas en la **Hoja de respuestas.**

Ahora tiene 30 segundos para leer las preguntas.

PREGUNTAS

Mensaje 1
1. ¿Qué horario de atención al público tiene *Reparaciones Gustavo*?
   a) Los domingos no atiende al público.
   b) Los jueves atiende hasta las 14 horas.
   c) Los sábados atiende hasta las 13 horas.

Mensaje 2
2. ¿Para qué hay que marcar un número?
   a) Para hacer la reserva de un viaje.
   b) Para conocer precios de hoteles.
   c) Para ser atendido personalmente.

Mensaje 3
3. ¿Por qué María Ángeles no contesta en este momento?
   a) Tal vez no pueda hablar por teléfono.
   b) Está esperando hacer otra llamada.
   c) Prefiere que la llamen más tarde.

Mensaje 4
4. ¿Por qué no responde José Ángel de la Guardia?
   a) Porque esta semana no se trabaja en este Centro.
   b) Porque en esta unidad prefieren que les escriban.
   c) Por estar ausente de la oficina por motivos laborales.

Mensaje 5
5. ¿De qué se informa en este mensaje?
   a) Las solicitudes se realizan también por Internet.
   b) Esta atención telefónica dejó de prestar servicio.
   c) Los pasaportes se renuevan en una página web.

Mensaje 6
6. ¿Qué información proporciona este contestador?
   a) Los fines de semana hay dos funciones de teatro.
   b) Para comprar entradas hay que llamar a otra hora.
   c) En este momento no hay funciones en el teatro.

EXAMEN 2

COMPRENSIÓN AUDITIVA

TAREA 2 Pista 10

Instrucciones

Usted va a escuchar a Rolando Villazón, un cantante de ópera, que ha sido entrevistado en la revista especializada "Scherzo", para hablar sobre su trayectoria profesional. Escuchará la audición dos veces. Después debe contestar a las preguntas (7-12). Seleccione la opción correcta (a / b / c).

Marque las opciones elegidas en la **Hoja de respuestas**.

Ahora tiene 30 segundos para leer los enunciado.

PREGUNTAS

7. Cuando este cantante participó en un programa para artistas jóvenes…
   a) todavía no había empezado su vida profesional.
   b) ya había actuado en Italia en una ópera.
   c) había terminado sus estudios en Estados Unidos.

8. En América, Rolando Villazón actuó en cuatro óperas…
   a) porque un cantante estaba enfermo.
   b) en una actividad organizada por estudiantes.
   c) interpretando los papeles protagonistas.

9. Rolando Villazón dejó de cantar durante una temporada porque…
   a) se había quedado sin voz en un concierto.
   b) según los médicos necesitaba descansar.
   c) no quería seguir viajando tanto como antes

10. Según Rolando Villazón…
    a) el tiempo que pudo descansar fue demasiado corto.
    b) necesitaba volver a cantar en público cuanto antes.
    c) estuvo ese tiempo reflexionando sobre su trabajo.

11. En esta nueva etapa profesional, Villazón…
    a) ya no tiene una voz tan fuerte como cuando era joven.
    b) considera que ha madurado como artista en muchos aspectos.
    c) cree que lo más importante en su trabajo es pasarlo bien.

12. Según lo que dice, en los últimos años, Rolando…
    a) planifica sus actuaciones con mucha antelación.
    b) no se atreve a cantar en determinados lugares.
    c) no acepta todas las propuestas que le llegan.

EXAMEN 2

COMPRENSIÓN AUDITIVA

TAREA 3 Pista 11

Instrucciones

Usted va a escuchar un programa informativo de radio con seis noticias. Escuchará el programa dos veces. Después debe contestar a las preguntas (13-18). Seleccione la opción correcta (a / b / c).

Marque las opciones elegidas en la **Hoja de respuestas.**

Ahora tiene 30 segundos para leer las preguntas.

PREGUNTAS

Noticia 1

13. En la reunión de la Conferencia de Rectores se ha decidido elegir…
    a) a la nueva presidenta de la Universidad de Islas Baleares.
    b) al próximo presidente, el profesor Francisco Gutiérrez Solana.
    c) a la primera presidenta de este organismo, Adelaida de la Calle.

Noticia 2

14. La obra "Historia de un contrabajo"…
    a) se estrena en el Festival de Teatro llamado "Teatralia".
    b) pueden ir a verla los niños y niñas de cualquier edad.
    c) se representa en un pueblo de la provincia de Madrid.

Noticia 3

15. En Madrid, se puede comprar más barato…
    a) en algunos lugares, todo el año.
    b) antes de las fiestas navideñas.
    c) en zonas comerciales animadas.

Noticia 4

16. Según esta noticia, la provincia de Castellón tiene…
    a) veinticuatro pueblos.
    b) muchas montañas.
    c) casas rurales en la costa.

Noticia 5

17. En la Media Maratón de San Sebastián…
    a) la corredora cubana Yamilka González entró en segunda posición.
    b) participan más corredores que en otras carreras de características parecidas.
    c) el ganador tardó casi un cuarto de hora menos que la primera clasificada.

Noticia 6

18. Según las previsiones meteorológicas…
    a) van a producirse cambios en la temperatura.
    b) el miércoles siguiente se llegará a un máximo.
    c) el calor solo afectará a algunas zonas de playa.

EXAMEN 2

COMPRENSIÓN AUDITIVA

TAREA 4 Pista 12

Instrucciones

Usted va a escuchar a seis personas que hablan sobre sus problemas en un viaje. Escuchará a cada persona dos veces. Seleccione el enunciado (A-J) que corresponde al tema del que habla cada persona (19-24).

Hay diez enunciados incluido el ejemplo. Seleccione seis.

Marque las opciones elegidas en la **Hoja de respuestas.**

Ahora escuche el ejemplo:

> **Persona 0**
> La opción correcta es el enunciado **J**.
> A B C D E F G H I J
> 0. ☐ ☐ ☐ ☐ ☐ ☐ ☐ ☐ ☐ ■

Ahora tiene 20 segundos para leer los enunciados.

	ENUNCIADOS
A.	El restaurante del hotel no funcionaba.
B.	El vuelo fue cancelado.
C.	El tren llegó con retraso.
D.	El hotel no era como aparecía en la publicidad.
E.	No tuvo que cambiar dinero.
F.	Llegó tarde por un atasco en la carretera.
G.	El taxi costó mucho dinero.
H.	El vuelo salió con retraso.
I.	Llovió todo el tiempo.
J.	Le perdieron las maletas.

	PERSONA	PERSONA
	Persona 0	J
19.	Persona 1	
20.	Persona 2	
21.	Persona 3	
22.	Persona 4	
23.	Persona 5	
24.	Persona 6	

EXAMEN 2

COMPRENSIÓN AUDITIVA

TAREA 5 Pista 13

Instrucciones

Usted va a escuchar una conversación entre dos amigos, Toño y Cristina. Indique si los enunciados se refieren a Toño (A), a Cristina (B) o a ninguno de los dos (C). Escuchará la conversación dos veces.

Marque las opciones elegidas en la **Hoja de respuestas.**

Ahora tiene 25 segundos para leer los enunciados.

		A Toño	B Cristina	C Ninguno de los dos
0.	Ha colgado las fotos de la fiesta.			X
25.	Tiene el ordenador estropeado.			
26.	Va a salir de marcha.			
27.	El fin de semana tuvo resaca.			
28.	Ha firmado un contrato de trabajo.			
29.	Ha solicitado una beca.			
30.	No le gusta estudiar de memoria.			

EXAMEN 2

EXPRESIÓN E INTERACCIÓN ESCRITAS

TAREA 1

⌛ HORA DE INICIO ___:___

Instrucciones

Usted ha recibido un correo electrónico de un amigo español.

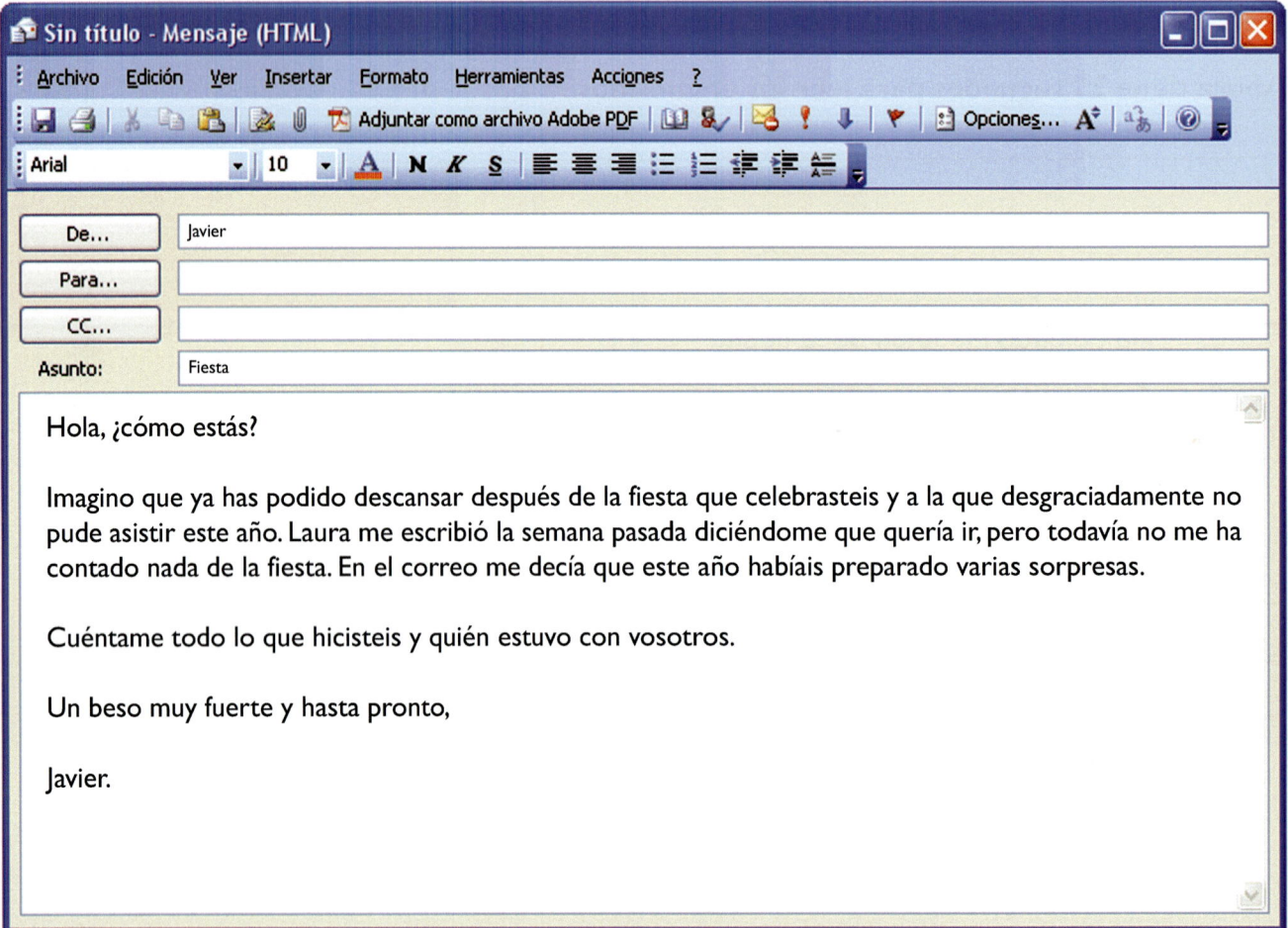

Escriba un correo electrónico a Javier. En él deberá:
- saludar;
- contar qué hicieron en la fiesta y quién asistió;
- explicar cuáles fueron las novedades respecto a otros años;
- despedirse.

Número de palabras: entre 100 y 120.

⌛ HORA DE FINALIZACIÓN ___:___

EXAMEN 2

EXPRESIÓN E INTERACCIÓN ESCRITAS

TAREA 2

⏳ HORA DE INICIO ___:___

Instrucciones

Elija solo una de las dos opciones que se le ofrecen a continuación.

Número de palabras: entre 140 y 160.

OPCIÓN 1

Lea el siguiente anuncio:

> Acabamos de inaugurar una nueva sección hecha por los lectores y para los lectores interesados en los viajes y el turismo. Envíanos un texto donde cuentes el mejor viaje que has hecho y comparte tu lugar favorito con los demás lectores.

Redacte un texto con la historia de su viaje para esta sección en la que deberá:

- contar el viaje que realizó;
- explicar por qué fue diferente para usted;
- decir qué hizo y cuánto tiempo estuvo;
- describir el lugar y los monumentos que se pueden visitar;
- expresar su opinión sobre los motivos por los que se debe viajar allí.

⏳ HORA DE FINALIZACIÓN ___:___

EXAMEN 2

OPCIÓN 2

⏳ **HORA DE INICIO** ___:___

Lea el siguiente mensaje publicado en un foro:

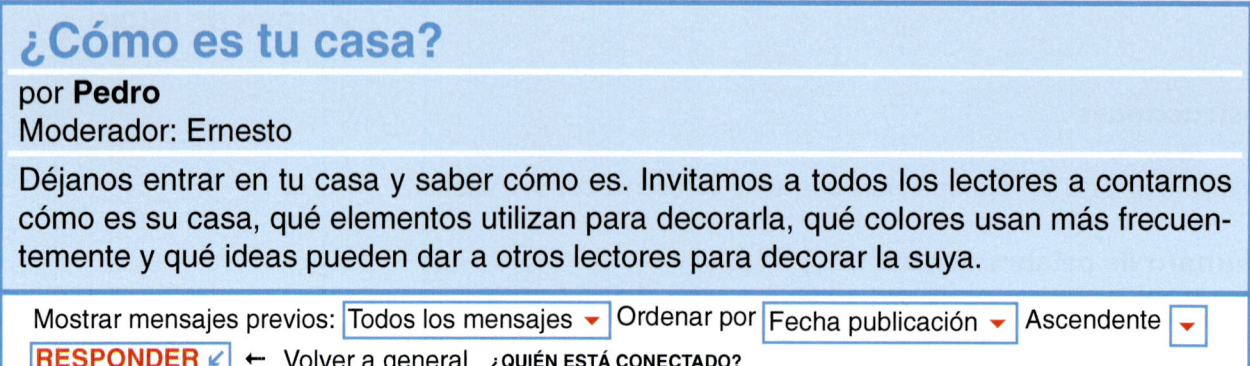

¿Cómo es tu casa?
por **Pedro**
Moderador: Ernesto

Déjanos entrar en tu casa y saber cómo es. Invitamos a todos los lectores a contarnos cómo es su casa, qué elementos utilizan para decorarla, qué colores usan más frecuentemente y qué ideas pueden dar a otros lectores para decorar la suya.

Mostrar mensajes previos: Todos los mensajes ▼ Ordenar por Fecha publicación ▼ Ascendente ▼
RESPONDER ← Volver a general ¿QUIÉN ESTÁ CONECTADO?

Redacte un texto para enviar a esta publicación en el que deberá:

— describir cómo está decorada su casa;
— explicar qué muebles tiene;
— señalar de qué colores son;
— informar de dónde compró algunos de esos muebles;
— contar los últimos cambios que ha hecho;
— señalar los aspectos más personales de su decoración.

Publicar una respuesta
ASUNTO
B | i | u | Cuota | Código | List | List = | [*] | img | URL | Normal ▼ | Color de fuente | soundcloud | vimeo | youtube

Enviar | Vista previa | Guardar borrador

⏳ **HORA DE FINALIZACIÓN** ___:___

EXAMEN 2

EXPRESIÓN E INTERACCIÓN ORALES

TAREA 1

A continuación, tiene un tema y unas instrucciones para realizar una exposición oral.

Tendrá que hablar durante **2 o 3 minutos** sobre el tema elegido. El entrevistador no intervendrá en esta parte de la prueba.

Instrucciones

Usted ha leído **esta noticia** en una revista española.

> **Casi 4 horas al día en la red**
>
> Internet se ha convertido en una herramienta de uso diario. El 84% de los encuestados afirma utilizarlo para su uso personal todos los días de la semana. La media es de casi 4 horas al día (algo más que el teléfono), pero una vez más, con grandes diferencias por edades: las personas entre 35 y 39 años pasan casi 3 horas en Internet al día; las de 20 a 24 llegan a 5 horas. Los encuestados tienen la sensación de que dedican cada vez más tiempo a Internet. El tiempo en Internet se dedica, sobre todo, a revisar el correo electrónico (más de 7 veces al día), participar en redes sociales y recibir o enviar mensajes.
>
> (Adaptado de *Eroski Consumer*. Diciembre 2012, nº 170).

- Comente los siguientes aspectos:
    - ¿Qué le parece la afirmación del texto "Los encuestados tienen la sensación de que dedican cada vez más tiempo a Internet"?
    - ¿En qué aspectos Internet se ha convertido en una herramienta imprescindible?
    - ¿Por qué cree que hay personas que no utilizan Internet? ¿Qué cree que se debería hacer para hacer un uso más racional de Internet?
    - En su país, ¿la gente dedica mucho tiempo a navegar por Internet? ¿Por qué cree que es así?

- No olvide:
    - diferenciar las partes de su exposición: comienzo, desarrollo y final;
    - ordenar y relacionar bien las ideas;
    - justificar sus opiniones y sentimientos.

TAREA 2 Pista 14

Instrucciones

Cuando termine su exposición, usted deberá mantener una conversación con el examinador sobre el mismo tema durante **3 o 4 minutos.**

Escuche ahora las preguntas de la **pista 14.** Detenga el reproductor para contestar después de cada pregunta.

EXAMEN 2

EXPRESIÓN E INTERACCIÓN ORALES   **TAREA 3** Pista 15

Instrucciones

Observe la siguiente imagen.

A continuación describa con detalle lo que ve en la foto y lo que imagina que está ocurriendo.

Estos son algunos aspectos que puede comentar:
- las personas: cuántas son, dónde están, cómo son, qué hacen.
- el lugar en el que se encuentran: cómo es.
- los objetos: qué objetos hay, dónde están, cómo son.

Posteriormente el entrevistador le hará algunas preguntas.

Escuche ahora las preguntas de la **pista 15.** Detenga el reproductor para contestar después de cada pregunta.

La duración de esta prueba es de **2 a 3 minutos.**

EXAMEN 2

EXPRESIÓN E INTERACCIÓN ORALES

TAREA 4 Pista 16

Instrucciones

Usted debe dialogar con el entrevistador en una situación simulada durante 2 o 3 minutos.

Usted quiere saber cómo se prepara un plato que ha probado en casa de un/a amigo/a. Para ello le pide la receta.

El examinador será su amigo/a. Hable con él/ella siguiendo estas indicaciones.

CANDIDATO
Durante la conversación con su amigo/a usted quiere: – saber los ingredientes y las cantidades que lleva el plato; – preguntar sobre el tiempo necesario para hacerlo; – conocer los pasos que debe seguir; – saber donde puede comprar los productos

Escuche ahora las preguntas de la **pista 16.** Detenga el reproductor para contestar después de cada pregunta.

La duración total de esta tarea es de **2 a 3 minutos.**

EXAMEN 3

COMPRENSIÓN DE LECTURA — TAREA 1

⌛ **HORA DE INICIO** ___:___

Instrucciones

Usted va a leer siete textos de personas que hablan de sus gustos literarios y diez resúmenes de libros comentados en una revista. Relacione a las personas (1-6) con los resúmenes de la revista (A-J).
HAY TRES TEXTOS QUE NO DEBE ELEGIR.

Marque las opciones elegidas en la **Hoja de respuestas**.

	PERSONA	TEXTOS
0.	Antonio	G
1.	Puri	
2.	Roberto	
3.	David	
4.	Pedro	
5.	Carlos	
6.	Victoria	

0. ANTONIO: Nunca he tenido tiempo para leer mucho, pero ahora quiero saber qué debo leer, qué obras son las más interesantes.

1. PURI: Me gustan los libros de aventuras y de historia que suceden en lugares exóticos, en países lejanos.

2. ROBERTO: Siempre estoy haciendo nuevos postres y siempre miro cómo se hacían antiguamente.

3. DAVID: Quiero leer sobre mis mascotas y animales de compañía para saber cómo educarlos y que aprendan a obedecerme.

4. PEDRO: Me encanta hacer platos a partir de lo que leo en los libros, pero como soy alérgico no puedo utilizar algunos ingredientes.

5. CARLOS: Me interesan los cuentos de otros pueblos y otras culturas, para contárselos a mis hijos; también los utilizo en clase con mis alumnos más pequeños.

6. VICTORIA: Me interesa mucho todo lo que tiene que ver con los barcos y especialmente los descubrimientos que los españoles hicieron con ellos.

EXAMEN 3

REVISTA

A Si quieres saber cómo fomentar el equilibrio entre usted y su perro, no tiene más que leer *Las normas de César Millán,* que explica todo lo que conoce sobre la educación de perros y firma un libro lleno de consejos prácticos.

B Con *Galeón,* Jesús Sánchez Adalid navega entre la ficción y la historia, y nos acerca, con sencillez y amenidad, a los viajes de la flota de las Indias, desde su salida del puerto de Sevilla a su llegada a las costas de América.

C La editorial *Algar* ha publicado recientemente el libro de Ignacio Aranguren y Javier Izene, *Primera vez (Suites adolescentes).* La obra pone en escena varias de las experiencias que los adolescentes suelen vivir por primera vez y aborda aspectos como la muerte, la violencia, el alcohol y el amor.

D Desde su afán por adentrarse en temas de actualidad, Montse Deza Pérez ha decidido realizar un recetario de cocina sin nada de gluten. Así que la editorial *Lectio* ha publicado *Cocina sin gluten.* Son cien recetas y consejos prácticos muy útiles, junto con direcciones de tiendas donde poder comprar los productos necesarios.

E Pasteles, bizcochos, galletas, sorbetes, entre otras muchas recetas, es lo que van a encontrar los lectores en *Los dulces de Amanda.* Se trata de un libro para el que Amanda Laporte ha buscado en la memoria familiar los trucos que utilizaban sus abuelas. La editorial *Grijalbo* publica este completo y sabroso recetario.

F Pepa Rana, reciente ganadora del Premio Azorín de Novela, se adentra en las sombras de la amistad entre dos mujeres a lo largo de su vida. *Indian Express,* publicado por la editorial *Planeta,* es una historia intimista cargada de emoción sobre el paso del tiempo, la vejez y la pérdida de los amores y los amigos.

G Juan Ignacio Alonso y Fran Zabaleta son los autores de *99 libros para ser más culto.* A través de esta obra, los autores realizan un repaso a las principales obras literarias de todos los tiempos y cuentan curiosidades y anécdotas para todos los lectores.

H Los amantes de los buenos relatos de viajes están de enhorabuena. Javier Reverte ya tiene nuevo libro: *En mares salvajes. Un viaje al Ártico.* Se trata de una de las novedades de la editorial *Plaza y Janés* y una crónica donde su autor mezcla la historia de las exploraciones de los siglos pasados con aventuras épicas.

I Con el estilo limpio y directo que caracteriza a toda su obra, Begoña Aranguren mira hacia atrás y reflexiona sobre lo mucho que han cambiado las cosas desde la muerte, en 2007, de su marido, José Luis de Villalonga. Y lo hace en *Niño mal de casa bien* (*Planeta*) donde conversa con toda sinceridad con quien fue su gran amor.

J *Casa Árabe* con la colaboración del *Club Kirico* ha publicado la guía "Simsim" para asomarse al mundo árabe. Una guía publicada en las cuatro lenguas de España y que supone una invitación para asomarse al mundo árabe a través de sus libros. Un volumen para valorar un universo cultural diferente y próximo a la vez.

(*Delibros.* Junio 2011. Número 254).

⌛ HORA DE FINALIZACIÓN ___:___

EXAMEN 3

COMPRENSIÓN DE LECTURA   TAREA 2

⏳ **HORA DE INICIO** ___:___

Instrucciones

Usted va a leer un texto sobre la población de México. Después debe contestar a las preguntas (7-12). Seleccione la opción correcta (a / b /c).

Marque las opciones elegidas en la **Hoja de respuestas**.

México, a diferencia de otros países iberoamericanos, ha conseguido la integración de sus gentes: sobre la base de una población indígena numerosa y con el aporte migratorio, especialmente español, se ha constituido una sociedad mestiza. Hoy día, el 60% de la población mexicana es mestiza; el resto está constituido por un 25% de indígenas puros, un 5% de blancos y un 10% de diversos grupos minoritarios. El último Censo de Población señalaba 56 grupos distintos; estos grupos han mantenido sus propias tradiciones, costumbres, artes, lengua y vestimentas. Más de cinco millones de personas conservan las distintas lenguas indígenas que se hablan en el país.

Por otra parte, es extraordinaria la concentración de la población, ya que la mitad de los mexicanos viven en solo seis de los treinta y dos Estados que componen el país. Si observamos la densidad por kilómetro cuadrado, la República de México tenía hace años 34 habitantes por kilómetro cuadrado, lo que podía considerarse poco en el contexto mundial.

Esta concentración de la población se debe a factores de carácter natural, social y económico; en los últimos años, el Norte está experimentando un fuerte desarrollo, elevando su número de habitantes; actividades como la ganadería, el petróleo, las obras portuarias, el turismo y el comercio con los Estados Unidos han sido los principales impulsores.

Sin duda, la población nos muestra una gran movilidad, ya que casi la mitad de los pobladores de México residen en Estados distintos a los de su nacimiento. El 51,2% de los habitantes del país permanecen en el lugar en el que nacieron y el 47,2% ha emigrado. El caso extremo lo constituye Quintana Roo, donde solo el 44,6% ha nacido en ese Estado.

El problema principal que ha enfrentado México en la era moderna es el de la explosión demográfica. En 1950 había poco más de 25 millones de mexicanos; treinta años después, eran más de 70 millones.

Aproximadamente diez millones de mexicanos carecen aún de servicios regulares de salud. Los programas de salud han logrado que aumente la esperanza de vida y que baje la tasa de mortalidad. Aún se tiene que hacer frente al problema del hambre, causa del 31% del total de muertes en México y a los daños provocados por otras enfermedades. En los años setenta del pasado siglo, un mexicano podía esperar una vida de 60,9 años por término medio. Según los últimos datos, la esperanza de vida en México es ahora de 67,5 años.

(Adaptado de Héctor Tajonar y Bélfor Portal. México I. *El medio y la historia*. Biblioteca Iberoamericana. Anaya).

EXAMEN 3

Preguntas

7. Según el texto, la población indígena…
   a) existe en todos los países de Hispanoamérica.
   b) en México se diferencia por su forma de vestir.
   c) es en México el grupo étnico mayoritario.

8. En el texto se afirma que la población de México…
   a) se reúne en muy pocos Estados.
   b) es una de las más bajas del mundo.
   c) es muy baja en unos pocos Estados.

9. El comercio de México con los Estados Unidos de América es una de las causas…
   a) de la enorme concentración de habitantes.
   b) del desarrollo de las regiones norteñas.
   c) de la superpoblación en el centro del país.

10. En el texto se afirma que…
    a) en un Estado mexicano hay más extranjeros que mexicanos.
    b) muchos mexicanos han tenido que emigrar a otros Estados.
    c) gran cantidad de mexicanos vive en su Estado de nacimiento.

11. Según el texto, en México…
    a) en la segunda mitad del siglo XX se triplicó el número de habitantes.
    b) las tasas de natalidad han crecido de forma continuada en el siglo XX.
    c) el gran crecimiento de la población ha sido una cuestión problemática.

12. En el texto se afirma que…
    a) la tercera parte de los mexicanos padece hambre.
    b) muchos mexicanos no tienen asistencia sanitaria.
    c) ha caído la tasa de mortalidad en un 31 por ciento.

HORA DE FINALIZACIÓN ___:___

EXAMEN 3

COMPRENSIÓN DE LECTURA

TAREA 3

⏳ HORA DE INICIO ___:___

Instrucciones

Usted va a leer tres textos en los que tres personas explican por qué decidieron vivir y trabajar en el extranjero. Relacione las preguntas (13-18) con los textos (A, B o C).

Marque las opciones elegidas en la **Hoja de respuestas.**

PREGUNTAS

		A JAVIER	B PASCUAL	C DIEGO
13.	¿Quién recomienda un medio de transporte?			
14.	¿Quién dice que hay que ser prudente a la hora de salir?			
15.	¿Quién dice que no tiene posibilidad de hacer turismo?			
16.	¿A quién le resulta complicado aprender la lengua del país?			
17.	¿Quién cree que va a quedarse mucho tiempo?			
18.	¿Quién echó de menos a sus amigos?			

TEXTOS

A. JAVIER

Yo pensaba que en Brasil había muchos problemas de seguridad, pero no he tenido ninguno. De hecho he probado todos los transportes que hay en Río, como son el metro, las barcas para cruzar la bahía, los autobuses normales, los autobuses clandestinos, los taxis normales y los taxis clandestinos, y no he tenido ningún problema. Lo fundamental aquí es ir acompañado, si vas con más personas no tiene que haber ningún problema. Hay mucho ambiente, pero nunca te puedes salir de ciertas áreas, no te puedes dirigir ni siquiera una calle hacia los lados del área de marcha, porque de lo contrario te puedes encontrar problemas.

B. PASCUAL

Llegué a Cambridge un 8 de febrero. Había nevado, era de noche, hacía mucho frío y estaba solo en una ciudad desconocida, lo primero que sentí fue una absoluta soledad. Hay muchas cosas que visitar: el centro está rodeado de canales en los que te puedes dar un paseo por barca. La ciudad cuenta con carriles bici que te llevan a todas partes y el tráfico respeta a los ciclistas, lo que hace que la forma más barata, cómoda y rápida para desplazarse sea así. Lo que quiero ahora es trabajar y aprender inglés. Me gustaría volver a España, pero creo que por ahora tendré que esperar.

Mi llegada a Sicilia se debió a una oferta de mi empresa para poner en marcha un nuevo proyecto en la isla. Me dijeron que querían contar conmigo para abrir una pequeña filial con la que estamos intentando hacernos un pequeño espacio en el sector eólico italiano. Me dedico al mantenimiento de máquinas, un proyecto que me roba buena parte del tiempo. Lo que más me gusta de la vida aquí es mi trabajo, que es para lo que estoy 24 horas disponible. Como me cuesta mucho aprender idiomas, he enseñado español a mis amigos porque para mí es mucho más fácil enseñar que aprender...

C. DIEGO

(www.diariodesoria.es).

⌛ **HORA DE FINALIZACIÓN** ___:___

EXAMEN 3

COMPRENSIÓN DE LECTURA — TAREA 4

⏳ HORA DE INICIO ___:___

Instrucciones

Lea el siguiente texto, del que se han extraído seis fragmentos. A continuación lea los ocho fragmentos propuestos (A-H) y decida en qué lugar del texto (19-24) hay que colocar cada uno de ellos.

HAY DOS FRAGMENTOS QUE NO TIENE QUE ELEGIR.

Marque las opciones elegidas en la **Hoja de respuestas**.

Vivimos la vida según la vemos. Así que la gran pregunta es: ¿cómo la vemos? **19** _____. Está claro: el mundo es uno, y en cambio todos y cada uno de nosotros lo ve de forma distinta. Y en el fondo, nuestra sensación más íntima es que nosotros lo percibimos tal y como es. Nos equivocamos porque incluso nosotros, aunque no nos lo parezca, distorsionamos. Si todos tenemos una visión deformada, podríamos pensar que vivir la vida de una forma más o menos plena podría depender del grado de distorsión de nuestras gafas. Nuestro lenguaje demuestra que una de las formas en que desfiguramos la visión de la vida es a través de las metáforas: "vivo en una cárcel", "trabajo como una máquina", "los acontecimientos me arrastran", etc.

Las metáforas con las que describimos nuestra existencia determinan cómo la vivimos. Así podríamos decir que existen metáforas que pueden resultar útiles para vivir y otras más bien devastadoras. **20** _____.

Cuando volvemos de vacaciones, una expresión muy común es: "Me ha ido fenomenal porque he cargado pilas". **21** _____. Si vivimos la vida de esta manera, cuando estemos cansados, la solución que primero nos vendrá a la mente es tomarnos unos días de descanso para volver a cargar. No veremos otra opción.

¿Realmente es útil ver la vida de esta forma? Quizá la solución no resida en el descanso. Sabemos que la forma en que definimos el problema es esencial para descubrir las soluciones.

"Estoy muy contenta porque hoy he cerrado muchos temas". Esta frase es habitual en muchos de nosotros. La metáfora en este caso sería: la vida como temas a cerrar o listas de tareas a tachar. Si nos fijamos, cuando escribimos una lista de trabajos a realizar, nos produce un especial goce ir tachándolos. **22** _____.

No solo tenemos interminables listados de obligaciones, sino también largas listas de actividades de diversión que, de alguna forma, sentimos como una presión. **23** _____. Cuando algún amigo nos recomienda una película, un libro o un nuevo parque de atracciones para llevar a los niños, en lugar de trasladarnos una ilusión, a veces lo que nos provoca es agobio porque es otra actividad más a incluir en la lista de cosas que nunca acabamos de tachar.

24 _____. ¿Cómo vamos a hacerlo si lo que queremos es terminar lo que estamos haciendo en cada momento?

(Jenny Moix. "Formas peligrosas de ver la vida". *El País Semanal*, nº 1685, 11 de enero de 2009).

EXAMEN 3

FRAGMENTOS

A	Parece como si el placer no estuviera en realizar proyectos sino en acabarlos
B	Por eso nos cuesta tanto practicar lo que tantos sabios aconsejan: vivir el presente
C	Vamos a analizar algunas de las principales metáforas de este segundo tipo que, en nuestra cultura, impregnan nuestra visión de la vida y constituyen un gran generador de estrés
D	Pero la clave no está en cuánto deformamos la realidad, sino en cómo
E	¿Tenemos que partir de la idea de que el agotamiento se encuentra implícito en el trabajo o en la vida cotidiana?
F	Esta simple frase implica que vemos la vida cotidiana, el trabajo, como algo que nos desgasta y nos va consumiendo energía, hasta que llegan las vacaciones y volvemos a cargar las pilas, para que su energía se vaya consumiendo otra vez a la vuelta del trabajo, y así la vida se convierte en un ciclo de consumir y cargar energía
G	Pues a través de una visión que se encuentra lejos de ser lógica y racional
H	Así, no solo tenemos estrés de trabajo sino también ¡estrés de ocio!

HORA DE FINALIZACIÓN ___:___

EXAMEN 3

COMPRENSIÓN DE LECTURA **TAREA 5**

⏳ **HORA DE INICIO** ___:___

Instrucciones

Lea el texto y rellene los huecos (25-30) con la opción correcta (a / b / c).

Marque las opciones elegidas en la **Hoja de respuestas.**

El taxi se incorporó al tráfico de la avenida, y Ángela fue **25**_____ en la distancia como un pequeño punto que levantaba la mano y saludaba. La ciudad vivía ajena a la emoción de René, que miraba por la ventanilla por si **26**_____ una despedida definitiva. Las grúas de las obras del aeropuerto parecían torres de iglesias reunidas en mitad de la nada.

La última llamada, antes de apagar el móvil en el avión, fue para Alova. Sintió una gran emoción al pensar que **27**_____ de unas horas estaría en Estambul. Apoyó la cabeza en la ventanilla y dejó **28**_____ las imágenes de la ciudad en su pensamiento. Enseguida vio el rostro de Tuna. Recordó su sonrisa, la voz, el brillo de sus ojos. Después, su figura se fue perdiendo. Sintió impaciencia porque el avión no se **29**_____. Cuando finalmente empezó a despegar, René ya había comenzado a elevarse en el aire hacía tiempo. Veía la playa muy lejos, olía los puestos de los vendedores de pescado en el puerto, reconocía las voces de los comerciantes, la llamada a la oración, las sirenas de los barcos. Cerró los ojos y todo se borró. Entonces pronunció el nombre de Tuna como si estuviera escribiendo el último verso **30**_____ final de un poema.

(Luis Leante. *La luna roja*. Santillana, 2010).

OPCIONES

25. a) quedado   b) quedada   c) quedando
26. a) era   b) es   c) sea
27. a) en   b) dentro   c) a
28. a) entraban   b) entrar   c) entren
29. a) movía   b) mueve   c) movió
30. a) en   b) al   c) de

⏳ **HORA DE FINALIZACIÓN** ___:___

EXAMEN 3

COMPRENSIÓN AUDITIVA

TAREA 1 Pista 17

Instrucciones

Usted va a escuchar seis mensajes del buzón de voz de un teléfono. Escuchará cada mensaje dos veces. Después debe contestar a las preguntas (1-6). Seleccione la opción correcta (a / b / c).
Marque las opciones elegidas en la **Hoja de respuestas.**

Ahora tiene 30 segundos para leer las preguntas.

PREGUNTAS

Mensaje 1
1. ¿Por qué llama José Luis a Miguel?
   a) Porque no tiene el número de teléfono de Nuria.
   b) Para quedar a tomar café otro día en su casa.
   c) Para pedirle el número de teléfono de Nuria.

Mensaje 2
2. ¿Por qué deja Ricardo este mensaje?
   a) Porque no sabe cómo funciona la calefacción.
   b) Porque no funciona la calefacción en su casa.
   c) Porque desea encender la calefacción central.

Mensaje 3
3. ¿Por qué motivo llama Claudia Martínez al señor Fernández?
   a) Para pedirle información sobre una transferencia.
   b) Para que le permita realizar una transferencia.
   c) Para avisarle que le han cobrado una factura.

Mensaje 4
4. ¿Para qué llama Lola a Laura?
   a) Para devolverle lo que le debe.
   b) Para ir con sus hijos al zoológico.
   c) Para que adelante ella un dinero.

Mensaje 5
5. ¿Qué quiere Alfredo que haga Blanca?
   a) Que no lo espere para viajar juntos.
   b) Que avise al hotel de su llegada tarde.
   c) Que busque el horario de autobuses.

Mensaje 6
6. ¿Qué se le ha olvidado a Pilar?
   a) Comprar fruta para la cena.
   b) Encargarle comida a Javier.
   c) Que tenían invitados para cenar.

EXAMEN 3

COMPRENSIÓN AUDITIVA

TAREA 2 Pista 18

Instrucciones

Usted va a escuchar a Luna, una profesora de matemáticas que cuenta su experiencia profesional en un programa de radio dedicado a los profesores. Escuchará la audición dos veces. Después debe contestar a las preguntas (7-12). Seleccione la opción correcta (a / b / c).

Marque las opciones elegidas en la **Hoja de respuestas.**

Ahora tiene 30 segundos para leer las preguntas.

PREGUNTAS

7. Cuando era pequeña, a Luna le gustaban las matemáticas porque…
    a) tuvo un profesor muy exigente.
    b) conseguía buenas notas.
    c) le ayudaban a recordar mejor.

8. Cuando Luna tuvo que elegir qué carrera estudiar…
    a) decidió que quería ser profesora.
    b) pensó que era una decisión importante.
    c) no había pensado en este tema.

9. De sus estudios de Magisterio, Luna recuerda…
    a) cómo era la profesora que enseñaba Geometría.
    b) el trabajo que hizo con formas geométricas.
    c) que las clases de Geometría eran novedosas.

10. Cuando empezó a trabajar, Luna…
    a) tuvo que dar clases de otras asignaturas.
    b) aprendió mucho cuando enseñaba a sus alumnos.
    c) no tenía tiempo para comer en los descansos.

11. En este momento, Luna…
    a) ya no trabaja como profesora.
    b) ha empezado a estudiar otra carrera.
    c) quiere ser orientadora en un instituto.

12. En los últimos seis cursos, Luna…
    a) ha estado siempre en el mismo centro educativo.
    b) ha dado clases de matemáticas a muchos alumnos.
    c) ha ayudado a otros profesores a preparar sus clases.

EXAMEN 3

COMPRENSIÓN AUDITIVA

TAREA 3 Pista 19

Instrucciones

Usted va a escuchar un programa informativo de radio con seis noticias. Escuchará el programa dos veces. Después debe contestar a las preguntas (13-18). Seleccione la opción correcta (a / b / c).

Marque las opciones elegidas en la **Hoja de respuestas.**

Ahora tiene 30 segundos para leer las preguntas.

PREGUNTAS

Noticia 1

13. El acuerdo alcanzado por la empresa Siesta con sus trabajadores…
    a) fue firmado por la totalidad de los representantes.
    b) fue votado en contra el último día que se había fijado.
    c) fue aprobado por una amplia mayoría de trabajadores.

Noticia 2

14. Los estudios para desarrollar videojuegos…
    a) no tienen ningún carácter oficial en el país.
    b) se ofrecerán por primera vez en la región.
    c) solamente se van a ofrecer en esta región.

Noticia 3

15. En el nuevo Auditorio de Alicante…
    a) caben más de mil espectadores en una sola sala.
    b) hay una sala para más de trescientos artistas.
    c) hay en total diez salas para escuchar conciertos.

Noticia 4

16. Las fiestas de Moros y Cristianos en Villajoyosa…
    a) se inician con un desfile.
    b) finalizarán el domingo.
    c) terminarán con música.

Noticia 5

17. En la última jornada…
    a) el Almería perdió contra el Huelva.
    b) el Santander le ganó al Alcorcón.
    c) el Villarreal empató con el Murcia.

Noticia 6

18. La lluvia de los últimos días…
    a) ha permitido salvar la cosecha de patatas en Murcia.
    b) va a aumentar la producción de tomate en Extremadura.
    c) perjudicará la cosecha de un producto en La Mancha.

EXAMEN 3

COMPRENSIÓN AUDITIVA

TAREA 4 Pista 20

Instrucciones

Usted va a escuchar a seis personas que hablan sobre las compras que han hecho. Escuchará a cada persona dos veces. Seleccione el enunciado (A-J) que corresponde al tema del que habla cada persona (19-24).

Hay diez enunciados incluido el ejemplo. Seleccione seis.

Marque las opciones elegidas en la **Hoja de respuestas.**

Ahora escuche el ejemplo:

> **Persona 0**
> La opción correcta es el enunciado **B**.
>
> A B C D E F G H I J
> 0. ☐ ■ ☐ ☐ ☐ ☐ ☐ ☐ ☐ ☐

Ahora tiene 20 segundos para leer los enunciados.

ENUNCIADOS	
A.	No encontró lo que buscaba.
B.	En la tienda no tenían la talla que usa.
C.	Al final, compró más barato.
D.	No aceptaban tarjetas de crédito.
E.	Ya no se fabrican.
F.	Todavía no se venden.
G.	No le gustaba ninguno de los que vio.
H.	Se llevó el último que quedaba.
I.	Tuvo que cambiarlo por otra prenda.
J.	Compró una prenda defectuosa.

	PERSONA	PERSONA
	Persona 0	B
19.	Persona 1	
20.	Persona 2	
21.	Persona 3	
22.	Persona 4	
23.	Persona 5	
24.	Persona 6	

EXAMEN 3

COMPRENSIÓN AUDITIVA

TAREA 5 Pista 21

Instrucciones

Usted va a escuchar una conversación de una pareja, Paco y Tere. Indique si los enunciados se refieren a Paco (A), a Tere (B) o a ninguno de los dos (C). Escuchará la conversación dos veces.

Marque las opciones elegidas en la **Hoja de respuestas.**

Ahora tiene 25 segundos para leer los enunciados.

		A Paco	B Tere	C Ninguno de los dos
0.	Ha encendido un electrodoméstico.		X	
25.	La semana pasada no hizo algunas tareas domésticas.			
26.	Tendió la ropa.			
27.	Necesita planchar.			
28.	La camisa le queda estrecha.			
29.	Va a devolver el pantalón.			
30.	No le gusta una prenda de vestir.			

EXAMEN 3

EXPRESIÓN E INTERACCIÓN ESCRITAS — TAREA 1

🕰 HORA DE INICIO ___:___

Instrucciones

Usted ha recibido un mensaje de una amiga a la que no ve desde hace mucho tiempo.

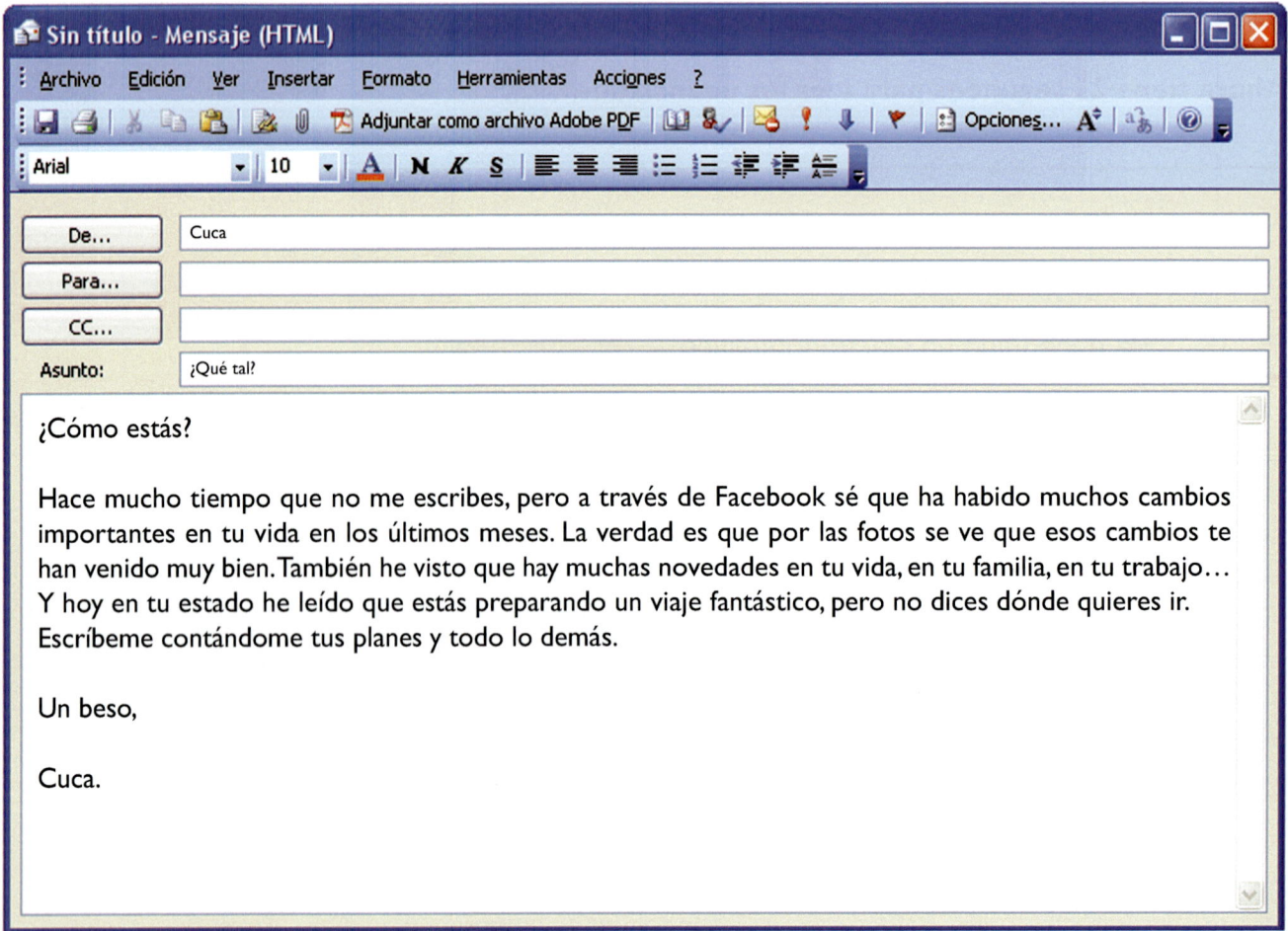

Escriba un correo electrónico a Cuca. En él deberá:

– saludar;
– contar qué cambios ha habido en su vida;
– explicar qué viaje está preparando;
– despedirse.

Número de palabras: entre 100 y 120.

🕰 HORA DE FINALIZACIÓN ___:___

EXAMEN 3

EXPRESIÓN E INTERACCIÓN ESCRITAS — TAREA 2

Instrucciones HORA DE INICIO __:__

Elija solo una de las dos opciones que se le ofrecen a continuación.

Número de palabras: entre 140 y 160.

OPCIÓN 1

Lea el siguiente anuncio publicado en un blog:

Mercadillo Navideño

por **Javier**
Moderador: Pablo

El domingo 21 de diciembre, a partir de las 11 horas, celebramos un Mercadillo Navideño en los alrededores del Mercado. Os animamos a participar y que traigáis cualquier objeto de segunda mano que ya no necesitéis o cualquier otro que hagáis artesanalmente. Solo tienes que confirmar tu asistencia y explicar lo que traes.

RESPONDER ← Volver a general   ¿QUIÉN ESTÁ CONECTADO?

Redacte un texto para enviar al blog en el que deberá:

- informar de los objetos que piensa exponer;
- contar por qué quiere venderlos;
- explicar dónde los compró o cómo los hace;
- indicar el precio medio de los productos que va a vender;
- señalar el espacio que va a necesitar para su exposición.

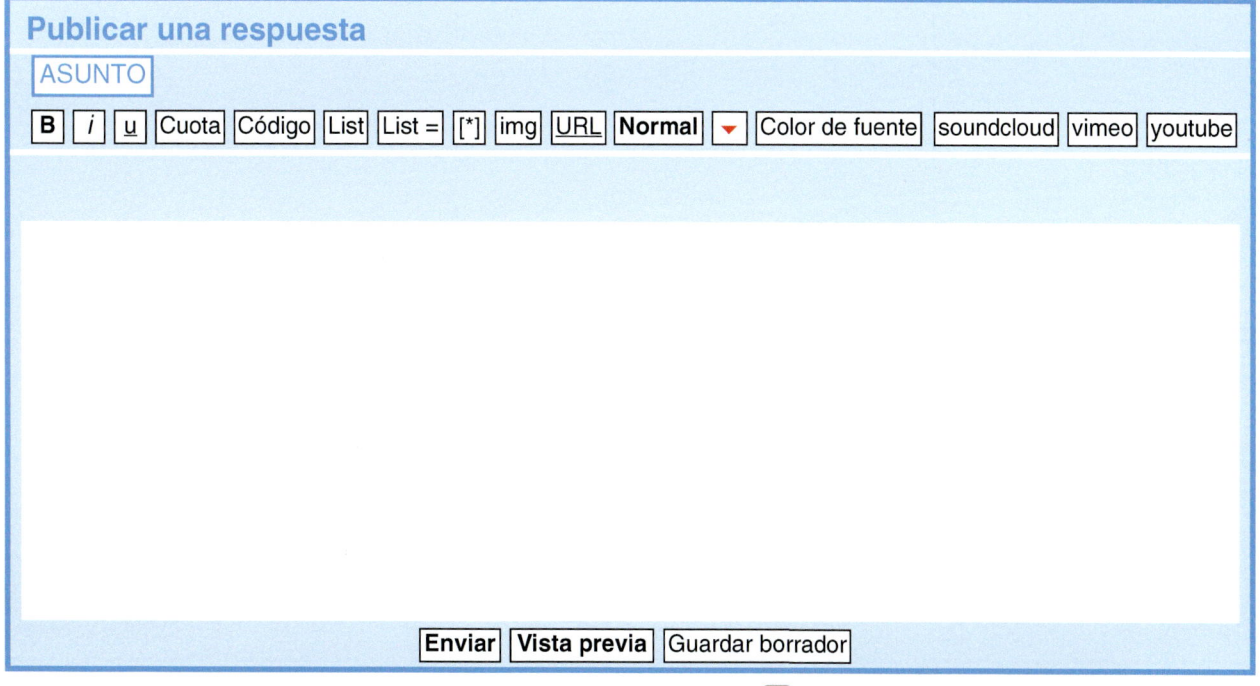

HORA DE FINALIZACIÓN __:__

EXAMEN 3

OPCIÓN 2

⏳ **HORA DE INICIO** ___:___

Lea el siguiente mensaje publicado en un blog:

Actividades de animación

por **Mamen**
Moderador: Cris

Se acerca el final de curso de la Universidad Popular, así que vamos a reunirnos para mostrar en público lo que sabemos hacer. Convocamos a quien esté interesado en realizar alguna actividad de animación como cantar, actuar, bailar... Escríbenos un comentario contándonos en qué consiste tu actividad antes del 24 de mayo.

Mostrar mensajes previos: Todos los mensajes ▼ Ordenar por Fecha publicación ▼ Ascendente ▼
RESPONDER ↙ ← Volver a general ¿QUIÉN ESTÁ CONECTADO?

Redacte un texto para enviar a los organizadores de esta reunión en el que deberá:

– expresar su intención de participar en esta convocatoria;
– informar de lo que sabe hacer;
– explicar en qué consiste su actividad y cuánto dura;
– señalar por qué se trata de algo original y cómo lo ha aprendido a hacer;
– solicitar los medios materiales que considere necesarios para realizar su actividad.

Publicar una respuesta

ASUNTO

B i u Cuota Código List List = [*] img URL Normal ▼ Color de fuente soundcloud vimeo youtube

Enviar Vista previa Guardar borrador

⏳ **HORA DE FINALIZACIÓN** ___:___

EXAMEN 3

EXPRESIÓN E INTERACCIÓN ORALES

TAREA 1

A continuación, tiene un tema y unas instrucciones para realizar una exposición oral.

Tendrá que hablar durante **2 o 3 minutos** sobre el tema elegido. El entrevistador no intervendrá en esta parte de la prueba.

Instrucciones

Hable de alguna actividad artística (música, pintura, literatura…) que usted realice o le gustaría realizar.

- Incluya información sobre:
    - por qué le gusta y le interesa esa actividad artística;
    - cuándo y dónde la ha practicado o le gustaría practicarla;
    - qué se necesita para practicar dicha actividad;
    - qué producto artístico le ha llamado la atención y por qué.

- No olvide:
    - diferenciar las partes de su exposición: comienzo, desarrollo y final;
    - ordenar y relacionar bien las ideas;
    - justificar sus opiniones y sentimientos.

Instrucciones

TAREA 2 Pista 22

Cuando termine su exposición, usted deberá mantener una conversación con el examinador sobre el mismo tema durante **3 o 4 minutos**.

Escucha ahora las preguntas de la **pista 22**. Detenga el reproductor para contestar después de cada pregunta.

EXAMEN 3

EXPRESIÓN E INTERACCIÓN ORALES

TAREA 3 Pista 23

Instrucciones

Observe la siguiente imagen.

A continuación describa con detalle lo que ve en la foto y lo que imagina que está ocurriendo.

Estos son algunos aspectos que puede comentar:
- las personas: cuántas son, dónde están, cómo son, qué hacen.
- el lugar en el que se encuentran: cómo es.
- los objetos: qué objetos hay, dónde están, cómo son.

Posteriormente el entrevistador le hará algunas preguntas.

Escuche ahora las preguntas del entrevistador en la **pista 23**. Detenga el reproductor para contestar después de cada pregunta.

La duración de esta prueba es de **2 a 3 minutos**.

EXAMEN 3

EXPRESIÓN E INTERACCIÓN ORALES

TAREA 4 Pista 24

Instrucciones

Usted debe dialogar con el entrevistador en una situación simulada durante 2 o 3 minutos.

Usted quiere comprar un regalo para una persona conocida y queda con un/a amigo/a para decidirlo.

El examinador será su amigo/a. Hable con él/ella siguiendo estas indicaciones.

CANDIDATO

Durante la conversación con su amigo/a usted quiere:

– explicarle qué regalo prefiere comprar;
– preguntar sobre los gustos de la otra persona;
– decidir el precio del regalo;
– llegar a un acuerdo sobre el regalo que van a hacer;
– proponer un lugar donde comprarlo.

Escuche ahora las preguntas de la **pista 24.** Detenga el reproductor para contestar después de cada pregunta.

La duración total de esta tarea es de **2 a 3 minutos.**

EXAMEN 4

COMPRENSIÓN DE LECTURA — TAREA 1

⧖ HORA DE INICIO ___:___

Instrucciones

Usted va a leer siete textos de personas que hablan de sus gustos en su tiempo libre y diez propuestas de ocio publicadas por un periódico. Relacione a las personas (1-6) con los textos de las propuestas de ocio (A-J).

HAY TRES TEXTOS QUE NO DEBE ELEGIR.

Marque las opciones elegidas en la **Hoja de respuestas.**

	PERSONA	TEXTOS
0.	Ágata	E
1.	César	
2.	Liliana	
3.	Salva	
4.	Óscar	
5.	Pedro	
6.	Maya	

0. ÁGATA: Este domingo voy a quedar con unos amigos para ir a bailar.

1. CÉSAR: Me encantan los conciertos en espacios abiertos.

2. LILIANA: Queremos ir a desayunar cuando salgamos de la discoteca.

3. SALVA: Me encantaría tomar el sol y bañarme, pero no puedo salir de la ciudad porque el próximo lunes trabajo.

4. ÓSCAR: Me encantan los espectáculos basados en canciones.

5. PEDRO: Mis pequeños disfrutan cuando los llevo a zoológicos o a exposiciones sobre animales, sobre todo si son prehistóricos.

6. MAYA: Me encantan las vistas panorámicas y sobre todo los edificios dedicados a promocionar actividades artísticas.

70

EXAMEN 4

PROPUESTAS DE OCIO

A **Gasset Habana** es un restaurante temático dedicado a la Cuba colonial. Este local recupera todas las tradiciones cubanas, tanto en costumbres como en gastronomía. Destacan los mojitos, los daiquiris y una selección de *cubalibres* y *gin-tonics* preparados a partir de diferentes tipos de ron y ginebra.

B **Faunia** acoge hasta el 30 de septiembre la muestra "Experiencia dinosaurios" en el que los visitantes pueden disfrutar de once figuras a tamaño real, con sonidos y movimientos mecanizados. Las figuras están colocadas entre los árboles del parque para que la experiencia sea lo más parecida posible a las ya míticas aventuras de la película *Parque Jurásico*.

C **El Festival de Jazz de Vitoria** celebra este año su trigésimo séptima edición. Desde el 16 al 20 de julio, el jazz llenará los dos escenarios del festival: el Polideportivo Mendizorroza, en el que actuarán grandes estrellas, y el Teatro Principal, con actuaciones de artistas menos conocidos. La mezcla de grupos y solistas famosos con otros que comienzan a despegar, es una de las señas de identidad del Festival de Jazz vitoriano.

D **El Círculo de Bellas Artes** es una entidad fundada a finales del siglo XIX. Ocupa un palacio, declarado monumento nacional, que se encuentra entre la Puerta de Alcalá y la Puerta del Sol. Su actividad se caracteriza por la programación de exposiciones y actos culturales. Desde su terraza se puede disfrutar de una vista espectacular de Madrid.

E **Lolina Café**. Para aquellos que piensan que cualquier tiempo pasado fue mejor, les encantará saber que en Madrid se puede viajar en el tiempo a los años sesenta y setenta. Los nostálgicos disfrutarán de este sitio que se encuentra en pleno barrio de Malasaña y en el que se puede desayunar, comer, merendar o cenar junto a la pista de baile. La carta tiene diferentes tipos de ensaladas, deliciosos platos para picar, grandes bocadillos calientes y una amplia selección de tartas caseras.

F **¡Ay Carmela!** El director Andrés Lima estrena la versión musical de una obra que ya ha tenido varias versiones teatrales. Una mirada hacia la comedia musical española partiendo de la raíz del folclore hispano, aunque desde una sonoridad de técnica moderna, que une los pasodobles, las marchas militares y los himnos religiosos con las nuevas piezas originales compuestas para esta obra.

G **MULAFEST** es el festival de Tendencias Urbanas de Madrid. Es un gran espacio para la creatividad que reúne en un mismo espacio, y durante cuatro días, a los amantes del tatuaje, el motor, el arte urbano, la música… Un festival único que el año pasado reunió a más de 25.000 asistentes. MULAFEST también es música, por eso este año habrá una programación de conciertos al aire libre.

H **Martínez Bar** es una de las coctelerías con más personalidad de Madrid. Está inspirada en los grandes bares de los años treinta y ha sabido reinventar lo clásico para convertirlo en modernidad. Cada sábado a partir de las 14 h. suenan canciones de principios del siglo XX en un auténtico gramófono. Todos los discos que pinchan son auténticas piezas de museo.

I **Chocolatería de San Ginés** es uno de los rincones míticos de Madrid, ya que su nombre y su historia han acompañado a varias generaciones. En sus dos plantas y su terracita, puedes disfrutar del más típico desayuno madrileño: churros y porras con chocolate. Abre todos los días del año hasta altas horas de la madrugada. Situada cerca de la Puerta del Sol es el lugar donde mucha gente suele desayunar después de una noche de marcha.

J **La terraza del hotel Emperador** ofrece 500 metros con las mejores vistas de Madrid. Este año, también se transforma en un club de playa para quienes no pueden viajar a la costa. Además de la vista, hay platos ligeros, cócteles variados y un montón de ofertas (música incluida) para disfrutar del verano urbano.

HORA DE FINALIZACIÓN ___:___

EXAMEN 4

COMPRENSIÓN DE LECTURA — TAREA 2

⌛ **HORA DE INICIO** ___:___

Instrucciones

Usted va a leer un texto sobre la cocina tradicional de Madrid. Después debe contestar a las preguntas (7-12). Seleccione la opción correcta (a / b / c).

Marque las opciones elegidas en la **Hoja de respuestas.**

No se puede dudar de que Madrid es un lugar donde se reúnen las diversas cocinas que existen en España, como puede comprobarse fácilmente paseando por las calles de la ciudad, donde podemos encontrar restaurantes de todo tipo en los que se preparan los platos que son característicos de las diversas regiones de España. Por esta facilidad para aceptar los platos de fuera, algunas personas afirman que Madrid no tiene cocina propia y acusan a sus cocineros de apropiarse de las recetas ajenas. En cierto modo, esto tiene algo de verdad, pues no hay ciudad importante que no tenga entre sus menús las especialidades aportadas por los inmigrantes que han sido aceptados en la ciudad.

Las cocinas regionales españolas forman parte de un todo complejo. Si tenemos en cuenta la historia de España, resulta muy difícil separar las antiguas cocinas sobre unas zonas modernas pero artificiales como son las divisiones administrativas, que no han tenido en cuenta las condiciones geográficas, climáticas, económicas y sociales que han actuado en las distintas épocas sobre cada región.

Para dibujar un mapa gastronómico de España basado en conceptos científicos, como las producciones agrarias, es necesario revisar las ideas en las que se han basado las cocinas regionales. Como ejemplo de platos muy importantes de la cocina española que no pueden considerarse propios de una región determinada, se pueden citar, entre otros, los gazpachos, que se utilizaron en todos los lugares donde hubo pastores que se movían con sus animales, especialmente en los tres caminos y rutas más tradicionales: de León a Extremadura, de Soria a Sevilla y de Cuenca a Murcia.

También ayudaron al conocimiento y uso común de esas recetas los trabajadores que cambiaban de lugar para trabajar en el campo y que venían de regiones lejanas. Algunos de los platos que hoy aparecen de modo habitual en nuestros menús vienen del extranjero y fueron introducidos en nuestras tierras por los soldados que llegaban de Italia, Flandes, África y América. Tampoco puede olvidarse que los reyes extranjeros, primero los Austrias, y luego los Borbones, mantuvieron sus costumbres gastronómicas, que fueron imitadas por la nobleza, aunque no llegaron a ser utilizadas por la mayoría del pueblo.

Uno de los motivos por los que es tan difícil investigar sobre el origen de nuestros platos es que las recetas de las distintas regiones se han conservado siempre por tradición oral, pasando directamente de madres a hijas, sin que exista una literatura gastronómica, excepto algunos manuscritos catalanes: los libros de recetas anteriores al siglo XIX que se conocen son obra de cocineros que nunca se preocuparon por la cocina tradicional.

(Adaptado de Manuel Martínez Llopis
y Simone Ortega (1987).
La cocina típica de Madrid. Alianza Editorial).

EXAMEN 4

Preguntas

7. Según el autor del texto…
   a) no existe una cocina típica madrileña hecha con originalidad.
   b) en Madrid se encuentran restaurantes de todas las regiones de España.
   c) los cocineros madrileños suelen robar las recetas a otros cocineros.

8. Según el texto, en las capitales y ciudades más habitadas de todos los países…
   a) viven y trabajan los mejores profesionales de la cocina.
   b) reciben bien a las personas que llegan de otros lugares.
   c) hay una mezcla de cocinas de distintas procedencias.

9. Para el autor de este texto…
   a) la división administrativa de España es un concepto moderno.
   b) la cocina no está relacionada con las condiciones climáticas.
   c) cada región forma parte de la cultura gastronómica española.

10. Según el texto…
    a) cada receta de cocina tiene un origen determinado.
    b) los pastores difundieron el gazpacho por toda España.
    c) la cocina regional debería basarse en ideas científicas.

11. Los platos que llegaron del extranjero…
    a) forman parte de la cocina española.
    b) los traían los trabajadores del campo.
    c) solo eran aceptados por la nobleza.

12. Las recetas populares del siglo XVIII…
    a) tienen su origen en una región de España.
    b) no se escribían, sino que se memorizaban.
    c) fueron utilizadas por cocineros profesionales.

HORA DE FINALIZACIÓN ___:___

EXAMEN 4

COMPRENSIÓN DE LECTURA — TAREA 3

⏳ HORA DE INICIO ___:___

Instrucciones

Usted va a leer tres textos en los que tres personas explican qué están haciendo para volver a encontrar trabajo. Relacione las preguntas (13-18) con los textos (A, B o C).

Marque las opciones elegidas en la **Hoja de respuestas**.

PREGUNTAS

		A EVA	B MARIANO	C MARÍA JOSÉ
13.	¿Quién se siente mejor formándose en la búsqueda de empleo?			
14.	¿Quién considera importante no alejarse de las ofertas de trabajo?			
15.	¿Quién ha aprendido a ocuparse más de sí mismo/a?			
16.	¿A quién le gustaría tener más contacto con los docentes?			
17.	¿Quién quiere aprovechar las Tecnologías de la Información para buscar trabajo?			
18.	¿Quién considera importante no dejar de incorporar datos en el currículum?			

TEXTOS

A. EVA

Llevaba doce años en una empresa de comunicación cuando me despidieron. He empezado a hacer un curso de búsqueda de empleo porque confío en este programa y quiero ponerme al día en las nuevas tendencias, las nuevas formas para redactar y presentar el currículo, cómo tengo que presentarme en las redes sociales y de qué manera debo destacar mis ventajas y disimular mis defectos. Me va a resultar un poco difícil volver a empezar, pero por eso, además de los planes de búsqueda de empleo a los que asisto cada semana, estoy haciendo un máster en márketing digital y publicidad.

EXAMEN 4

B. MARIANO

Trabajé como director en una empresa multinacional del sector alimentario y ahora estoy redirigiendo mi carrera. Lo que más me interesa es la ayuda a la orientación profesional y el mantenimiento de la conexión con el mercado de trabajo. Asistir a un curso de búsqueda de empleo me aporta, según la experiencia que estoy teniendo, optimismo y seguridad desde el punto de vista psicológico además de estabilidad. Sin embargo, echo de menos una colaboración más cercana con los profesores y una mayor coordinación entre ellos para saber exactamente qué piden las empresas, cómo presentar mi perfil para tener más posibilidades de ser contratado.

C. MARÍA JOSÉ

Tengo una doble licenciatura, en Farmacia y en Ingeniería Industrial, y un máster en liderazgo; aun así, cuando las circunstancias me obligaron a volver a buscar trabajo me sentí un poco extraña. El plan de búsqueda de empleo me ayudó a comprender que mi nueva situación no tenía por qué convertirse en un trauma, y me ofreció la posibilidad de analizar mis habilidades, olvidándome de los objetivos empresariales que antes dirigían mi vida, y me he centrado más en mis propios objetivos. A todo el que todavía tenga trabajo le recomiendo que tenga actualizado su currículo, porque en él va quedando reflejado nuestro estado de ánimo.

(A. Bustillo. "En primera persona". *Emprendedores & Empleo. Expansión/El Mundo*. 10 de marzo de 2013).

⌛ HORA DE FINALIZACIÓN ___:___

EXAMEN 4

COMPRENSIÓN DE LECTURA

TAREA 4

⌛ **HORA DE INICIO** ___:___

Instrucciones

Lea el siguiente texto, del que se han extraído seis fragmentos. A continuación lea los ocho fragmentos propuestos (A-H) y decida en qué lugar del texto (19-24) hay que colocar cada uno de ellos.

HAY DOS FRAGMENTOS QUE NO TIENE QUE ELEGIR.

Marque las opciones elegidas en la **Hoja de respuestas.**

Desde un punto de vista práctico, mi viaje a Islandia respondía a la invitación de un amigo que me había ofrecido su casa para poder terminar una novela que no podía seguir escribiendo. Si uno busca aislarse y alejarse de los problemas del día a día, no hay duda de que Islandia es el lugar ideal: **19** _____.

Soy de los que opinan que viajar merece la pena siempre. Por un lado, porque nos permite romper con la rutina de la vida cotidiana; **20** _____. De entre todos los viajes, mis preferidos son los que se asocian a los sueños extraños. Los prefiero porque enlazan directamente con la imaginación infantil; y porque a menudo se relacionan con lecturas hechas muchos años antes; **21** _____, ese deseo que le hizo soñar que algún día viajaría a ese país lejano que se ofrecía con su magia desde las páginas de un libro.

Si cierro los ojos y bajo al fondo de mi memoria, lo primero que relaciono con Islandia es un mapa: **22** _____. Creo que ya desde aquel momento quise saber cómo era la vida en Islandia, qué sentía la gente que vivía en un país que había tenido el nombre de Tierra de Hielo. Islandia, desde entonces, se presentó como una tierra prometida cubierta de hielo.

Viaje al centro de la tierra, de Julio Verne, con su espectacular inicio en un volcán islandés, fue otro de los estímulos de mi interés por Islandia, así como la aventura de Tintín *"La estrella misteriosa"*. Tenía en mi mente, por supuesto, el sol de medianoche y las historias de vikingos, especialmente la que protagonizaron Kirk Douglas y Tony Curtis en una película de mi infancia; y la lectura de las antiguas "sagas", a las que llegué a través del entusiasmo de Borges, **23** _____. Me fascinaba, por último, saber que Islandia era el último secreto de Europa, el país más diferente y menos conocido del Viejo Continente.

Mientras me dirigía hacia el control de pasaportes, recordé el poema de Borges incluido en su libro Historia de la noche. Entré en Islandia rodeado de sueños, **24** _____. No tenía nada que ver ni con su historia ni con su literaria, ni con los vikingos ni con la poesía. Después de pasar el control de la policía, los pasajeros islandeses no iban a recoger sus equipajes sino que iban hacia otro sector del aeropuerto.

(Xavier Moret (2002). La isla secreta. Un recorrido por Islandia).

EXAMEN 4

FRAGMENTOS

A	probablemente con alguna novela que, ya en el momento de leerla, provocó en el lector el placer que transmiten las grandes obras
B	por ejemplo, el explorador griego Pyteas, en el siglo IV antes de Jesucristo, la llamó "Última Thule"
C	estaba seguro de que allí no tendría cosas urgentes que hacer ni sonaría el teléfono ni tendría mil distracciones para perder la concentración
D	todo me llevaba a aquella isla lejana que se parecía en mi imaginación al mundo fantástico soñado por Tolkien en El señor de los anillos
E	es decir, con la imaginación en estado puro
F	pero no tardé en bajar de la nube al recibir la primera lección práctica sobre el país
G	por otro, porque, al estar en contacto con otros paisajes y otras gentes, nos obliga a la mirada interior y, por lo tanto, a conocernos mejor
H	me veo a mí mismo de niño, en la escuela, preguntándome qué hace una isla perdida en un lugar tan lejano, más cerca del frío del Ártico que del continente europeo

HORA DE FINALIZACIÓN ___:___

EXAMEN 4

COMPRENSIÓN DE LECTURA — TAREA 5

🕰 HORA DE INICIO ___:___

Instrucciones

Lea el texto y rellene los huecos (25-30) con la opción correcta (a / b / c).

Marque las opciones elegidas en la **Hoja de respuestas**.

El ingrediente fundamental de la cocina vasca es, sin duda, la excelencia de las materias primas empleadas; **25**_____ segundo lugar, la afición generalizada a la buena mesa. He oído a muchos extranjeros repetir que "en San Sebastián se come bien en cualquier parte", lo que quizá alguna vez fue cierto pero ya no lo es.

Si yo tengo que aconsejar a un amigo sobre su primera comida en San Sebastián, le **26**_____ elegir los platos de pescado tradicionales. En mi tierra, la merluza no es la comida sosa de enfermos que **27**_____ a ser en otras partes: a la plancha o frita, merece todo nuestro elogio. El bonito, más fino que el atún, es otro pescado que en temporada puede competir con el mejor plato por su sabor. En lugar de ponerle tomate, es preferible tomarlo **28**_____ la parrilla, con patatas y pimientos verdes. En el puerto hay varios establecimientos al aire libre donde suelen probarse sardinas asadas, **29**_____ no son tan típicas y auténticas como suelen creer los aficionados a la tradición gastronómica local.

La mejor entrada para una buena comida o cena de pescado es un plato de verdura del tiempo, judías verdes, alcachofas, acelgas o espinacas. Los guisantes son difíciles de encontrar, pero cuando los hay **30**_____ a los platos más elaborados.

(Fernando Savater. *San Sebastián*. Ediciones *Destino*).

OPCIONES

25.	a) por	b) de	c) en
26.	a) recomendé	b) recomendaría	c) recomiende
27.	a) llegaba	b) ha llegado	c) llegue
28.	a) en	b) a	c) de
29.	a) pero	b) sino	c) si no
30.	a) superen	b) superan	c) han superado

🕰 HORA DE FINALIZACIÓN ___:___

EXAMEN 4

COMPRENSIÓN AUDITIVA

TAREA 1 Pista 25

Instrucciones

Usted va a escuchar seis ofertas de trabajo anunciadas en la radio. Escuchará cada oferta dos veces. Después debe contestar a las preguntas (1-6). Seleccione la opción correcta (a / b / c).
Marque las opciones elegidas en la **Hoja de respuestas.**

Ahora tiene 30 segundos para leer las preguntas.

PREGUNTAS

Mensaje 1
1. ¿Qué se pide al candidato en este trabajo?
   a) Que haya trabajado en otra empresa durante un tiempo.
   b) Que pueda trabajar inmediatamente en sus talleres.
   c) Que trabaje por las mañanas y estudie por las tardes.

Mensaje 2
2. ¿Qué se dice en esta oferta de trabajo?
   a) El sueldo es fijo.
   b) Se pide un teléfono.
   c) No importa la edad.

Mensaje 3
3. ¿Qué se pide a los trabajadores de esta empresa?
   a) Deben vivir en la ciudad.
   b) Tienen que estar licenciados.
   c) Deben tener un coche.

Mensaje 4
4. ¿Cómo se accede a este trabajo?
   a) Mediante una inscripción en una página de Internet.
   b) Mostrando las fotos de los animales que se tienen.
   c) Fijando en la solicitud el precio de los servicios.

Mensaje 5
5. ¿Qué exigencias tiene este trabajo?
   a) Es preciso haber trabajado en algo parecido.
   b) Se necesita tener un diploma de estudios.
   c) Hay un plazo para presentar la solicitud.

Mensaje 6
6. ¿Cómo se cobra en este trabajo?
   a) Semanalmente.
   b) Por horas.
   c) Cada mes.

EXAMEN 4

COMPRENSIÓN AUDITIVA

TAREA 2 Pista 26

Instrucciones

Usted va a escuchar a Jesús Mota, un estudiante mexicano que habla en el programa radiofónico "Mi deporte favorito", un programa para animar a los jóvenes a practicar deporte. Escuchará la audición dos veces. Después debe contestar a las preguntas (7-12). Seleccione la opción correcta (a / b / c).

Marque las opciones elegidas en la **Hoja de respuestas**.

Ahora tiene 30 segundos para leer las preguntas.

PREGUNTAS

7. Según lo que dice Jesús…
   a) su hermano Luis es mayor que él.
   b) su hermana mayor se llama Susana.
   c) Susana tiene menos de 25 años.

8. Jesús cuenta que…
   a) todavía tiene que seguir estudiando.
   b) es el único licenciado de sus hermanos.
   c) siempre ha estudiado en la misma ciudad.

9. Como jugador de baloncesto…
   a) empezó jugando en los juegos interescolares.
   b) participó en la liga juvenil de su ciudad.
   c) jugó con su escuela en la liga de segunda fuerza.

10. Cuando jugó en la liga de primera fuerza, Jesús…
    a) dejó de entrenarse para la competición.
    b) consiguió ganar un año el campeonato.
    c) llegó a ser el mejor jugador del equipo.

11. Jesús volvió a jugar al final de sus estudios porque…
    a) se llevaba bien con los jugadores del equipo.
    b) sentía que seguía teniendo muchas cualidades.
    c) creía que era un equipo muy bien preparado.

12. En esta última etapa de su vida como deportista…
    a) lleva seis meses sin poder jugar.
    b) no cree que pueda volver a jugar.
    c) tuvo problemas para ser titular.

EXAMEN 4

COMPRENSIÓN AUDITIVA

TAREA 3 Pista 27

Instrucciones

Usted va a escuchar un programa informativo de radio con seis noticias. Escuchará el programa dos veces. Después debe contestar a las preguntas (13-18). Seleccione la opción correcta (a / b / c).

Marque las opciones elegidas en la **Hoja de respuestas.**

Ahora tiene 30 segundos para leer las preguntas.

PREGUNTAS

Noticia 1

13. El programa "Los Grammy latinos en las escuelas"…
    a) repartirá dinero entre los estudiantes.
    b) pretende extenderse por diversos países.
    c) comenzó con un concierto de famosos.

Noticia 2

14. La película "Las aventuras de Tadeo Jones"…
    a) se desarrolla en la Luna.
    b) se estrena el próximo año.
    c) tendrá una continuación.

Noticia 3

15. En el torneo de tenis de Madrid…
    a) Mónica Naranjo jugará con una tenista francesa.
    b) Tita Torró se clasificó ayer para la semifinal.
    c) Anabel Medina no tuvo que jugar su partido.

Noticia 4

16. Los roscones de Reyes tradicionales en Madrid durante las fiestas de Navidad…
    a) hay que comerlos el mismo día.
    b) se producen en gran cantidad.
    c) se conservan mejor en una bolsa.

Noticia 5

17. El espectáculo del Ballet Folclórico Nacional de Cuba…
    a) recoge 50 años de música y danza afrocubana.
    b) mezcla diferentes músicas caribeña y africana.
    c) se representa 50 años después de su estreno.

Noticia 6

18. La novela "Cartas marcadas"…
    a) fue votada en Internet por más de diez mil personas.
    b) ha ganado este año el Premio Nacional de la Crítica.
    c) estaba entre las obras seleccionadas por los libreros.

EXAMEN 4

COMPRENSIÓN AUDITIVA

TAREA 4 Pista 28

Instrucciones

Usted va a escuchar a seis personas que hablan sobre un espectáculo al que han asistido. Escuchará a cada persona dos veces. Seleccione el enunciado (A-J) que corresponde al tema del que habla cada persona (19-24).

Hay diez enunciados incluido el ejemplo. Seleccione seis.

Marque las opciones elegidas en la **Hoja de respuestas.**

Ahora escuche el ejemplo:

> **Persona 0**
> La opción correcta es el enunciado **E**.
>
> A B C D E F G H I J
> 0. ☐ ☐ ☐ ☐ ■ ☐ ☐ ☐ ☐ ☐

Ahora tiene 20 segundos para leer los enunciados.

ENUNCIADOS	
A.	No había entradas.
B.	Se sentó lejos del escenario
C.	Algunos espectadores molestaban.
D.	Tuvo que hacer mucha cola para comprar las entradas.
E.	Llegó tarde a la función.
F.	Se aburrió mucho.
G.	El estadio estaba lleno.
H.	Comenzó con retraso.
I.	Suspendieron la función.
J.	Hubo problemas técnicos.

	PERSONA	Enunciado
	Persona 0	E
19.	Persona 1	
20.	Persona 2	
21.	Persona 3	
22.	Persona 4	
23.	Persona 5	
24.	Persona 6	

EXAMEN 4

COMPRENSIÓN AUDITIVA

TAREA 5 Pista 29

Instrucciones

Usted va a escuchar una conversación entre dos amigos, Javier y Esperanza. Indique si los enunciados se refieren a Javier (A), a Esperanza (B) o a ninguno de los dos (C). Escuchará la conversación dos veces.

Marque las opciones elegidas en la **Hoja de respuestas.**

Ahora tiene 25 segundos para leer los enunciados.

		A Javier	B Esperanza	C Ninguno de los dos
0.	Ha cambiado su dirección.		X	
25.	Ha alquilado un piso.			
26.	No puede comer algunos productos.			
27.	No se encuentra bien.			
28.	Han despedido a su cuñado.			
29.	Su hermana está embarazada.			
30.	Cree que la sopa está sosa.			

EXAMEN 4

EXPRESIÓN E INTERACCIÓN ESCRITAS — TAREA 1

⏳ HORA DE INICIO ___:___

Instrucciones

Usted ha recibido un fax de la Directora de Proyectos de la empresa en la que trabaja.

> **FAX**
> **Promociones y Servicios**
>
> 25/02/2014
>
> Buenos días:
> Te escribo para informarte de que ayer me llamó el Presidente de "Promociones y Servicios" para decirme que está pensando ampliar los servicios de tu oficina, y que para eso necesitamos tener datos sobre los lugares de ocio que hay en tu ciudad. Le gustaría saber cuántos hay y dónde están. También quiere conocer qué tipo de espectáculos han ofrecido en el último mes y cuántas personas han asistido. No sé si ahora mismo tienes esos datos, pero el jefe los necesita cuanto antes.
>
> Espero tus noticias. Un saludo,
>
> Sonia Hornos González
> *Directora de Proyectos*

Escriba un informe para responder a Sonia.
En él deberá:

– saludar;
– contar qué lugares de ocio conoce en su ciudad;
– explicar qué actividades han realizado en el último mes;
– despedirse.

Número de palabras: entre 100 y 120.

⏳ HORA DE FINALIZACIÓN ___:___

EXAMEN 4

EXPRESIÓN E INTERACCIÓN ESCRITAS — TAREA 2

⏳ **HORA DE INICIO** ___:___

Instrucciones

Elija solo una de las dos opciones que se le ofrecen a continuación.

Número de palabras: entre 140 y 160.

OPCIÓN 1

Lea la siguiente convocatoria de un concurso:

> Primera edición del
> **Concurso de Recetas Tradicionales del Mundo.**
>
> Los concursantes deberán presentar recetas tradicionales de sus países de origen en las que se utilice al menos uno de los siguientes ingredientes: salmón, bacalao, pollo, cordero, uva, piña, plátano o naranja. Puede presentar su receta antes del 14 de abril a través de la página web: *www.recetasdelmundo.concurso.es.*

Redacte una receta para este concurso en la que deberá:

– expresar de qué plato se trata;
– contar de qué país es típico;
– informar de los ingredientes que se necesitan;
– señalar el tiempo que se tarda en hacerlo;
– explicar cómo se hace;
– dar algunos consejos prácticos para su presentación final.

⏳ **HORA DE FINALIZACIÓN** ___:___

EXAMEN 4

OPCIÓN 2

⏳ **HORA DE INICIO** ___:___

Lea el siguiente mensaje publicado en un foro en el que deberá:

Películas inolvidables

por **Chabeli**
Moderador: Javi

El domingo os invitamos a participar en nuestro nuevo foro sobre las mejores películas de la historia del cine. Para participar podéis enviar un texto en el quehabléis sobre la película que más os ha gustado.

Mostrar mensajes previos: [Todos los mensajes ▼] Ordenar por [Fecha publicación ▼] [Ascendente ▼]
RESPONDER ← Volver a general ¿QUIÉN ESTÁ CONECTADO?

Redacte un texto para enviar al foro en el que deberá:

- contar el argumento o historia de la película;
- explicar quién es el director, los actores y la época de la película;
- describir cómo son los personajes que aparecen;
- informar de cuándo la vio;
- explicar por qué le gustó la película y por qué hay que verla.

Publicar una respuesta

[ASUNTO]

[B] [i] [u] [Cuota] [Código] [List] [List =] [[*]] [img] [URL] [Normal ▼] [Color de fuente] [soundcloud] [vimeo] [youtube]

[Enviar] [Vista previa] [Guardar borrador]

⏳ **HORA DE FINALIZACIÓN** ___:___

EXAMEN 4

EXPRESIÓN E INTERACCIÓN ORALES

TAREA 1

A continuación, tiene un tema y unas instrucciones para realizar una exposición oral.

Tendrá que hablar durante **2 o 3 minutos** sobre el tema elegido. El entrevistador no intervendrá en esta parte de la prueba.

Instrucciones

Hable de algún **espectáculo deportivo** al que haya asistido durante su vida.

- Incluya información sobre:
  - cuándo asistió al espectáculo y con quién;
  - dónde se celebró y qué equipos o deportistas participaron;
  - de qué deporte se trataba y en qué consiste dicho deporte;
  - qué ambiente había en el lugar donde se celebró.

- No olvide:
  - diferenciar las partes de su exposición: comienzo, desarrollo y final;
  - ordenar y relacionar bien las ideas;
  - justificar sus opiniones y sentimientos.

TAREA 2 Pista 30

Instrucciones

Cuando termine su exposición, usted deberá mantener una conversación con el examinador sobre el mismo tema durante **3 o 4 minutos**.

Escucha ahora las preguntas de la **pista 30.** Detenga el reproductor para contestar después de cada pregunta.

EXAMEN 4

EXPRESIÓN E INTERACCIÓN ORALES TAREA 3 Pista 31

Instrucciones

Observe la siguiente imagen.

A continuación describa con detalle lo que ve en la foto y lo que imagina que está ocurriendo.

Estos son algunos aspectos que puede comentar:
- las personas: cuántas son, dónde están, cómo son, qué hacen.
- el lugar en el que se encuentran: cómo es.
- los objetos: qué objetos hay, dónde están, cómo son.

Posteriormente el entrevistador le hará algunas preguntas.

La duración total de esta tarea es de **2 a 3 minutos**.

EXAMEN 4

EXPRESIÓN E INTERACCIÓN ORALES

TAREA 4 Pista 32

Instrucciones

Usted ha comprado una prenda que no le queda bien y quiere devolverla. Por ello va a la tienda donde la compró y habla con un/a dependiente/a.

El examinador será el/la dependiente/a. Hable con él/ella siguiendo estas indicaciones:

CANDIDATO

Durante la conversación con el/la dependiente/a usted quiere:

– contarle cuándo compró la prenda y cuánto le costó;
– explicarle por qué no quiere quedarse con ella;
– preguntar por el sistema de devolución;
– saber si tienen otra prenda que a usted le interese.

Escuche ahora las preguntas de la **pista 32.** Detenga el reproductor para contestar después de cada pregunta.

La duración de esta tarea es de **2 a 3 minutos.**

EXAMEN 5

COMPRENSIÓN DE LECTURA — TAREA 1

⏳ HORA DE INICIO ___:___

Instrucciones

Usted va a leer siete textos de personas que hablan de sus gustos literarios y diez resúmenes de libros publicados en una revista. Relacione a las personas (1-6) con los textos de la revista (A-J).
HAY TRES TEXTOS QUE NO DEBE ELEGIR.
Marque las opciones elegidas en la **Hoja de respuestas.**

	PERSONA	TEXTO
0.	Pablo	I
1.	Miguel	
2.	Susana	
3.	Teresa	
4.	Julio	
5.	Felipe	
6.	Isabel	

0. PABLO

Todas las noches le leo un relato muy corto a mi hijo antes de dormir.

1. MIGUEL

Me gustaría comprar un libro útil, que me sirva para hacer ejercicio en casa, sin tener que ir al gimnasio.

2. SUSANA

Me encanta soñar con historias románticas, apasionadas, con personajes dispuestos a todo cuando se han enamorado.

3. TERESA

Las novelas de misterio son mis preferidas, porque me gusta pasar miedo cuando estoy leyendo.

4. JULIO

Lo que más me gusta de la literatura es que nos haga vivir una aventura fantástica que tuvo lugar en un país lejano y hace mucho tiempo.

5. FELIPE

Me apasionan los libros donde se cuenta lo que el escritor ha encontrado en otro país, qué se puede hacer allí, lo que él ha visto, cómo vive la gente.

6. ISABEL

Quiero leer libros que me expliquen lo que está pasando, cómo funciona el mundo, qué puede pasar en el futuro.

REVISTA

A *Exitus.* **Antonio Luque.**
Pepito es un joven estudiante de clase obrera que vive con su padre, recién operado, y su madre, un ama de casa que se cuida poco y siempre habla a gritos. Enamorado de su vecina, Pepito sufre un golpe que cambiará completamente su vida.

B *Colinas que arden, lagos de fuego.* **Javier Reverte.**
Diez años después de publicarse *Los caminos perdidos de África,* su autor regresa al camino. Las escalas de este nuevo viaje narran su paso por el fantasmal lago Turkana, en el norte de Kenia, por el Tanganika y por Chitambo, la pequeña aldea de Zambia donde murió David Livingstone.

C *Saber moverse.* **Cristina Mérida** y **Mariló Montero.**
Cada día, en "La mañana de La 1", el programa más visto de la televisión en España, Mariló Montero y la preparadora física Cristina Mérida te ayudan a ponerte en forma. Ahora tienes la oportunidad de hacerlo a tu ritmo y en cualquier momento.

D *Breve historia de España en el siglo XX.* **Julián Casanova** y **Carlos Gil.**
Se trata de una obra escrita con la voluntad de llegar a un público amplio, necesitado de ideas breves y textos introductorios escritos en una lengua sencilla que trate los temas de mayor interés y no se pierda en cuestiones secundarias.

E *Toda la vida.* **Romana Petri.**
Tras dos años de silencio y una carta que renueva una promesa de amor, Alcina, una mujer solitaria y fiel al recuerdo de sus muertos, decide que el beso de Pedro no puede olvidarse. La promesa de Pedro de casarse con ella y comenzar una nueva vida en Argentina le da fuerzas.

F *Los días del arcoíris.* **Antonio Skármeta.**
Nico vio cómo se llevaban a su padre, y recuerda que su misión principal es lograr que vuelva. Su mejor amiga, Patricia, lo acompaña y juntos, gracias a la imaginación, abren un camino a la libertad en un país cerrado al mundo.

G *La hoguera del capital.* **Vicente Verdú.**
La extensión y la duración de esta Gran Crisis Económica ha adquirido tanta importancia que sería inocente creer que después de ella las cosas van a seguir siendo más o menos como antes. No sabemos con exactitud cómo será el porvenir, pero sin duda será muy distinto de lo que conocemos en la actualidad.

H *Lobisón.* **Ginés Sánchez.**
Adrián es un adolescente muy especial. No solo por los evidentes rasgos autistas de su comportamiento sino porque es un séptimo hijo, lo que, en la tradición de la montaña, lo convierte en Lobisón. Ello, sumado a los ataques que sufre algunas noches, provoca la incomprensión de todos.

I *25 cuentos para leer en 5 minutos.* **Vicenç Tuset.**
¿Quieres compartir un cuento conmigo? Tan solo serán cinco minutos. Cuentos mágicos, divertidos, fantásticos, emocionantes, sorprendentes y únicos. Relatos de princesas y leones, cerditos y ratones, hadas, duendes, brujas y ogros.

J *Caminarás con el sol.* **Alfonso Mateo-Sagasta.**
En noviembre de 1536, el gobernador de Guatemala informó, muy contento, de la muerte de Gonzalo Guerrero, el español que llevaba más de veinte años creando problemas a los conquistadores en las selvas del Yucatán. Todo comenzó cuando un barco naufragó al sur de Jamaica, en una isla desconocida.

(*Librerías L.* Número 30. Verano 2012).

 **HORA DE FINALIZACIÓN** ___:___

EXAMEN 5

COMPRENSIÓN DE LECTURA — TAREA 2

HORA DE INICIO ___:___

Instrucciones

Usted va a leer un texto sobre los inicios del cine en Perú. Después debe contestar a las preguntas (7-12). Seleccione la opción correcta (a / b / c).

Marque las opciones elegidas en la **Hoja de respuestas.**

Los peruanos conocieron el cine el sábado 2 de enero de 1897, cuando se realizó la primera función pública en la ciudad de Lima, capital del Perú. El aparato de imágenes móviles usado en esa sesión fue el Vitascopio de Edison. El cinematógrafo Lumière llegó pocos días después y su presentación en sociedad fue el 2 de febrero de 1897.

Los espectadores de esos primeros aparatos fueron testigos de la Guerra del Pacífico, que había enfrentado a Bolivia y Perú contra Chile menos de veinte años antes. La ocupación de Lima por las tropas chilenas durante la guerra, la pérdida de territorios y los problemas económicos que dejó la guerra ocasionaron la crisis más grave sufrida por el país desde su independencia en 1821.

El cine llegó durante el gobierno de Nicolás de Piérola, líder civil, personaje legendario de la historia peruana, uno de los creadores de la normalización tras la guerra. Eran los días de una sociedad basada en el poder de un hombre fuerte en el gobierno (como en el México de Porfirio Díaz o en los gobiernos hispanoamericanos característicos de esos años).

Los peruanos conocieron el cine en compañía de don Nicolás de Piérola, invitado de honor en las sesiones que mostraron las imágenes proyectadas por el Vitascopio y el Cinematógrafo. En la vida cotidiana, Lima miraba hacia Europa, sobre todo hacia París. No sorprendió por eso la buena recepción que se dio al Cinematógrafo, que representaba la novedad de la tecnología llegada de Europa. Gracias a ese aparato, los Campos Elíseos, el Arco del Triunfo y la Torre Eiffel dejaban de ser imágenes quietas para convertirse en paisajes llenos de gente que se movía y caminaba con prisa pero en silencio.

Un trabajador anónimo grabó hacia 1899 las primeras imágenes en movimiento del Perú. El 23 de abril de 1899, en el Teatro Politeama de Lima se proyectaron veinte películas muy breves, entre las que se encontraban "La Catedral de Lima" y "Camino de La Oroya". Esas fueron las primeras imágenes de la geografía peruana proyectadas por un aparato cinematográfico.

Empezó así una época de gran actividad en el campo del cine documental. Los directores recorrían las regiones naturales del Perú (la costa que limita con el Océano Pacífico, los Andes y la región amazónica) con sus equipos para grabar paisajes, fiestas, obras públicas, trabajos diversos y, por qué no, exotismos que encantaban al público extranjero. La producción de películas con argumento, sin embargo, se hizo esperar un tiempo más: la primera película peruana de ficción fue "Negocio al agua", una comedia en 5 partes, estrenada el 14 de abril de 1913, grabada por Jorge Goitizolo en diversos lugares del barrio limeño de Barranco, escrita por Federico Blume, un periodista crítico muy conocido en ese momento.

(Ricardo Bedoya. *Entre fauces y colmillos*. Las películas de Francisco Lombardi. Festival de Cine de Huesca).

EXAMEN 5

Preguntas

7. Según el texto, en Perú se vio por primera vez una película…
   a) a principios de siglo.
   b) a finales de año.
   c) en fin de semana.

8. La guerra de Perú contra Chile…
   a) acababa de terminar cuando apareció el cine.
   b) permitió la independencia de los dos países.
   c) tenía todavía a mucha gente en la pobreza.

9. Según el texto, en esa época, la forma de gobierno en Perú…
   a) fue el resultado de la normalidad.
   b) se parecía a la de otros países.
   c) parece más bien una leyenda.

10. En el texto se afirma que, gracias al cine…
    a) en Lima se empezó a admirar París.
    b) se podían ver escenas de otros lugares.
    c) llegó a Perú la modernidad tecnológica

11. Las primeras películas sobre Perú…
    a) las grabó un obrero desconocido.
    b) tardaron mucho en proyectarse.
    c) no se han conservado completas.

12. Según este texto, las primeras películas peruanas de ficción…
    a) gustaron más a los extranjeros que a los peruanos.
    b) mostraron una gran cantidad de tradiciones locales.
    c) se grabaron una década después de la llegada del cine.

HORA DE FINALIZACIÓN ___:___

EXAMEN 5

COMPRENSIÓN DE LECTURA — TAREA 3

⏳ HORA DE INICIO ___:___

Instrucciones

Usted va a leer tres textos en los que tres personas hablan sobre sus actrices favoritas. Relacione las preguntas (13-18) con los textos (A, B o C).

Marque las opciones elegidas en la **Hoja de respuestas**.

	PREGUNTAS	A JORGE	B BIGAS	C JAVIER
13.	¿Quién dice que la actriz se muestra muy curiosa?			
14.	¿Quién dice que, cuando era joven, la actriz ya se parecía a la mujer de ahora?			
15.	¿Quién dice que la actriz ha decidido correctamente al elegir sus trabajos?			
16.	¿Quién dice que toda la vida de la actriz ha sido un aprendizaje?			
17.	¿Quién dice que esa actriz es sincera?			
18.	¿Quién dice que la conoció cuando ella estaba buscando trabajo?			

TEXTOS

A. JORGE

La primera vez que vi a Maribel Verdú fue en las pruebas de *El año de las luces*, de Fernando Trueba. Éramos dos muchachos. La prueba transcurría en un sofá de la casa del director. Ahí estábamos los dos, jugando a ser actores. Ella demostró entonces la extraordinaria capacidad de concentración que hoy la ha convertido en una inmensa actriz. Maribel es un fenómeno, ha nacido para actuar. Ya forma parte de la memoria colectiva de España. Es un nombre asociado a una imagen que todo el mundo reconoce. La imagen de una mujer muy franca, muy bella, inteligente y que siempre dice lo que piensa. Y hay algo que me sigue fascinando: la mayoría antepone su carrera ante todo; ella coloca su felicidad por encima de todas las cosas.

EXAMEN 5

B. BIGAS

De Penélope me enamoró la forma de caminar. Siempre me ha fascinado ese plano de *Jamón jamón* en el que ella echaba a andar cuando Javier Bardem le decía que era "una jamona". Cuando la película se estrenó en Japón, aquella escena gustó tanto que en el cartel de la película, Penélope aparecía caminando de espaldas. Toda su carrera me ha impresionado. Ha sabido medirla, trabajarla y gestionarla de una manera perfecta. Siempre he dicho que en la vida un 25% supone ser bueno, otro 25% hacer los deberes, un 25% salud y el otro 25% consiste en la suerte. En los cuatro, Penélope ostenta un porcentaje altísimo.

Nerea Camacho no empezó desde cero cuando rodó *Camino,* tenía 11 años de experiencia. Once años de niñez. La experiencia es algo que se va perdiendo con los años y que se recupera nuevamente en la vejez, cuando el alzheimer nos arrebata todo lo innecesario y nos devuelve al momento en que fuimos expertos: la infancia. Nerea abre de forma casi imposible sus enormes ojos cuando le cuentas algo nuevo, algo que le interesa, cualquier detalle del que pueda aprender. Al desplegar esa mirada, en realidad está abriendo su alma de niña inquieta, inocente, traviesa y agradecida. El alma más bella que jamás he retratado.

C. JAVIER

(El País Semanal).

⌛ HORA DE FINALIZACIÓN ___:___

EXAMEN 5

COMPRENSIÓN DE LECTURA — TAREA 4

⏳ **HORA DE INICIO** ___:___

Instrucciones

Lea el siguiente texto, del que se han extraído seis fragmentos. A continuación lea los ocho fragmentos propuestos (A-H) y decida en qué lugar del texto (19-24) hay que colocar cada uno de ellos.

HAY DOS FRAGMENTOS QUE NO TIENE QUE ELEGIR.

Marque las opciones elegidas en la **Hoja de respuestas.**

La mejor manera de no tirar comida es planificar. **19** _____. Por ejemplo, siete de cada diez encuestados afirma que comprueba el frigorífico antes de comprar, pero todavía hay un 9% que sale a comprar sin revisar lo que tiene en casa.

20 _____. Frente a una mayoría de hogares que sí lo hace, el 15% de encuestados confirma que nunca van a comprar con una lista o que lo hacen muy pocas veces. Menos aún son las personas que preparan un menú antes de pensar en la compra. **21** _____.

Cuando llega el momento de hacer la compra, los consumidores valoran fundamentalmente dos aspectos: el precio y la calidad de los productos. Sin embargo, en la compra debe intervenir también un hábito importante: fijarse en la fecha de caducidad o de consumo preferente.

La fecha de caducidad indica en qué momento deja el producto de ser seguro para el consumo alimentario. **22** _____. ¿Distinguen los consumidores ambos conceptos? ¿Saben que es seguro consumir algo fuera de su fecha de consumo preferente, pero no de su fecha de caducidad? Para averiguarlo, se preguntó a los responsables de los alimentos de los hogares sobre estas dos fechas.

Se comprobó así que uno de cada cuatro confunde los dos conceptos. Por un lado, un 26% cree que la fecha de caducidad quiere decir que a partir de esa fecha el alimento ya no conserva sus cualidades específicas pero que es seguro comerlo. **23** _____. Esto último puede provocar que gran cantidad de alimentos en perfecto estado vayan a parar al cubo de la basura.

Otro de los objetivos de la encuesta era conocer el comportamiento de los responsables de la gestión de los alimentos en el hogar respecto a estas dos fechas que miden la vida del producto. Tan solo el 15% de ellos tiran todos los alimentos caducados. **24** _____. En cuanto al comportamiento de los entrevistados cuando ha pasado la fecha de consumo preferente, el 44% afirma que tiran solo algunos alimentos y casi la mitad declara que siempre los aprovechan. En ambos casos, utilizan el olor o el gusto para comprobar si el producto está en buen estado.

("¿Cuánta comida tiramos?". *Eroski Consumer*. N° 171. Enero 2013).

EXAMEN 5

FRAGMENTOS

A	Y por otro lado, otro 25% opina que la fecha de consumo preferente significa que a partir de esa fecha no es del todo seguro comer ese producto
B	La de consumo preferente señala en qué momento el producto puede perder sus cualidades, sin que ello suponga un peligro para la salud
C	Pero casi seis de cada diez los tiran dependiendo del tipo de alimento o del tiempo que ha pasado
D	La gran mayoría declara que no tira ningún o casi ningún alimento por este motivo
E	Elaborar una lista previa es otro paso clave para no acabar echando comida a la basura
F	Sin embargo, no todos los hogares tienen esta costumbre
G	En concreto, planificar mejor la compra de acuerdo al consumo del hogar
H	El 26% de los encuestados dice que casi nunca o nunca lo hace

HORA DE FINALIZACIÓN ___:___

EXAMEN 5

COMPRENSIÓN DE LECTURA — TAREA 5

HORA DE INICIO ___:___

Instrucciones

Lea el texto y rellene los huecos (25-30) con la opción correcta (a / b / c).

Marque las opciones elegidas en la **Hoja de respuestas.**

El peor incendio de la provincia de Málaga en los últimos años se inició el domingo **25**_____ última hora de la tarde en la localidad de Mijas. En apenas 15 horas, las llamas destruyeron más de 400 hectáreas de bosque. Según el concejal de Urbanismo de Mijas, el fuego, avivado **26**_____ el viento, quemó también 14 viviendas de la sierra.

Las llamas se iniciaron en dos lugares diferentes, al empezar la noche, cuando los medios aéreos no pueden actuar, por lo que los técnicos piensan que se trata de un incendio intencionado. Algunas personas cuentan que a la hora de iniciarse el fuego, unos hombres **27**_____ moto, circulaban por los alrededores.

El fuego avanzó unos siete kilómetros desde Entrerríos hasta las cercanías de la urbanización Calanova, al norte de la autopista de peaje AP-7. "**28**_____ regando las plantas cuando de repente vi una columna de humo en la zona de Mijas. Al poco rato, otra por la parte de Ojén. Y yo pensaba que este año no **29**_____ incendios…", comenta Antonia en la terraza de su casa, desde donde se puede apreciar el recorrido casi completo de las llamas. En la última década se han registrado al menos cinco incendios en la sierra de Mijas. El más violento afectó, en el año 2001, a 590 hectáreas y fue provocado **30**_____ una chispa que salió del motor de un coche.

(Fernando J. Pérez. "Un incendio en Mijas devora 14 casas y 400 hectáreas de árboles". *El País*, 13 de septiembre de 2011).

OPCIONES

25.	a) por	b) a	c) de
26.	a) desde	b) para	c) por
27.	a) en	b) sobre	c) a
28.	a) Estaba	b) Estuve	c) He estado
29.	a) hay	b) haya	c) habría
30.	a) por	b) a	c) de

HORA DE FINALIZACIÓN ___:___

EXAMEN 5

COMPRENSIÓN AUDITIVA

TAREA 1 Pista 33

Instrucciones

Usted va a escuchar seis anuncios radiofónicos. Escuchará cada anuncio dos veces. Después debe contestar a las preguntas (1-6). Seleccione la opción correcta (a / b / c).
Marque las opciones elegidas en la **Hoja de respuestas.**

Ahora tiene 30 segundos para leer las preguntas.

PREGUNTAS

Mensaje 1
1. ¿Cuándo puede devolver este coche?
    a) En cuaquier momento.
    b) En los primeros meses.
    c) Durante cinco años.

Mensaje 2
2. ¿Cuándo empezó el Banco de la Estrella a ser el más importante de España?
    a) Hace 1 año.
    b) Hace 2 años.
    c) Hace 100 años.

Mensaje 3
3. ¿Qué condiciones ofrecen las vacaciones en la playa?
    a) Los menores de quince años solo pagan la comida.
    b) Los niños tienen una habitación doble para ellos.
    c) Hay una fecha límite para conseguir el descuento.

Mensaje 4
4. Con "Las aventuras de don Quijote" para teléfonos móviles…
    a) pueden jugar los padres con sus hijos.
    b) los niños empezarán a leer la novela.
    c) se inicia la colección de literatura.

Mensaje 5
5. El programa de televisión "El Hormiguero"…
    a) acaba de publicar su primer libro.
    b) recoge frases divertidas de niños.
    c) tiene una sección para los pequeños.

Mensaje 6
6. La editorial "Casas y Cosas" ofrece…
    a) revistas de contenido ecológico.
    b) publicaciones en papel reciclado.
    c) contenidos de carácter multimedia.

EXAMEN 5

COMPRENSIÓN AUDITIVA

TAREA 2 Pista 34

Instrucciones

Usted va a escuchar a Analía, una profesora que contó su experiencia en un programa de entrevistas llamado "Historias de vida". Escuchará la audición dos veces. Después debe contestar a las preguntas (7-12). Seleccione la opción correcta (a / b / c).

Marque las opciones elegidas en la **Hoja de respuestas.**

Ahora tiene 30 segundos para leer las preguntas.

PREGUNTAS

7. En esta audición, Analía cuenta que…
   a) terminó sus estudios a los dieciséis años.
   b) estudió Magisterio para no estudiar más tiempo.
   c) quería estudiar para convertirse en enfermera.

8. Según lo que cuenta Analía…
   a) cada curso suspendía varias asignaturas.
   b) las matemáticas eran su asignatura preferida.
   c) en el último curso no suspendió nada.

9. Los profesores de Analía…
   a) iban a pie a dar clase.
   b) solían dictar apuntes.
   c) eran de otras ciudades.

10. Analía cuenta que…
    a) tuvo que presentarse dos veces a hacer el examen final de carrera.
    b) si aprobaba el examen final podría trabajar en la escuela pública.
    c) suspendió el examen final de carrera porque no lo había preparado.

11. En su primer trabajo, Analía…
    a) y sus padres vivían en otra ciudad.
    b) daba clases solo hasta el mediodía.
    c) volvía a su casa a comer todos los días.

12. Los primeros cursos en su trabajo, Analía daba clase a niños…
    a) mayores de dos años.
    b) muy pequeños.
    c) mayores de seis años.

EXAMEN 5

COMPRENSIÓN AUDITIVA

TAREA 3 Pista 35

Instrucciones

Usted va a escuchar un programa informativo de radio con seis noticias. Escuchará el programa dos veces. Después debe contestar a las preguntas (13-18). Seleccione la opción correcta (a / b / c).

Marque las opciones elegidas en la **Hoja de respuestas.**

Ahora tiene 30 segundos para leer las preguntas.

PREGUNTAS

Noticia 1

13. La película de Pedro Almodóvar…
    a) se estrenará en su pueblo antes que en Madrid.
    b) puede verse durante dos semanas en su pueblo.
    c) se va a proyectar en los locales de una asociación.

Noticia 2

14. El proyecto del aeropuerto espacial…
    a) fue aprobado el año pasado.
    b) está pensado para los viajeros.
    c) lo realizarán ochenta empresas.

Noticia 3

15. El tratamiento que han descubierto en la Universidad de Granada…
    a) no tiene efectos secundarios.
    b) no causa otros problemas al usarlo.
    c) aumenta la confianza en uno mismo.

Noticia 4

16. Del 26 de septiembre al 2 de octubre, en Valencia…
    a) será más barato comer paella en algunos sitios.
    b) se celebran las fiestas tradicionales de la cocina.
    c) en cien restaurantes habrá un menú especial.

Noticia 5

17. En el Foro Latinoamericano de Urbanismo…
    a) participan más de 300 conferenciantes.
    b) se analizan actuaciones ya realizadas.
    c) se presentan proyectos internacionales.

Noticia 6

18. Este domingo en Aragón…
    a) va a nevar en toda la región.
    b) se esperan algunas nieves.
    c) nevará en pueblos lejanos.

EXAMEN 5

COMPRENSIÓN AUDITIVA

TAREA 4 Pista 36

Instrucciones

Usted va a escuchar a seis personas que hablan sobre su primer trabajo. Escuchará a cada persona dos veces. Seleccione el enunciado (A-J) que corresponde al tema del que habla cada persona (19-24).

Hay diez enunciados incluido el ejemplo. Seleccione seis.

Marque las opciones elegidas en la **Hoja de respuestas.**

Ahora escuche el ejemplo:

> **Persona 0**
> La opción correcta es el enunciado **H.**
> A B C D E F G **H** I J
> 0. ☐ ☐ ☐ ☐ ☐ ☐ ☐ ■ ☐ ☐

Ahora tiene 20 segundos para leer los enunciados.

	ENUNCIADOS
A.	Se trataba de un negocio familiar.
B.	Lo despidieron del trabajo.
C.	Era un trabajo nocturno.
D.	Discutió con el jefe.
E.	Empezaba a trabajar de madrugada.
F.	Solo trabajaba los fines de semana.
G.	Creó su propia empresa.
H.	No cobraba mucho.
I.	Era un trabajo aburrido.
J.	No tenía relación con sus estudios.

	PERSONA	Enunciado
	Persona 0	H
19.	Persona 1	
20.	Persona 2	
21.	Persona 3	
22.	Persona 4	
23.	Persona 5	
24.	Persona 6	

EXAMEN 5

COMPRENSIÓN AUDITIVA

TAREA 5 Pista 37

Instrucciones

Usted va a escuchar una conversación entre dos amigos, Pedro y Luisa. Indique si los enunciados se refieren a Pedro (A), a Luisa (B) o a ninguno de los dos (C). Escuchará la conversación dos veces.

Marque las opciones elegidas en la **Hoja de respuestas.**

Ahora tiene 25 segundos para leer los enunciados.

		A Pedro	B Luisa	C Ninguno de los dos
0.	Ha adelgazado.		X	
25.	Es aficionado/a a un deporte.			
26.	Se ha roto una pierna.			
27.	Ha estado de baja.			
28.	No tiene seguro médico.			
29.	Es muy parecido/a a un/a artista.			
30.	Alberto Fernández le cae bien.			

EXAMEN 5

EXPRESIÓN E INTERACCIÓN ESCRITAS — TAREA 1

⧖ HORA DE INICIO ___:___

Instrucciones

Usted ha recibido un correo electrónico de una amiga que vive en otra ciudad.

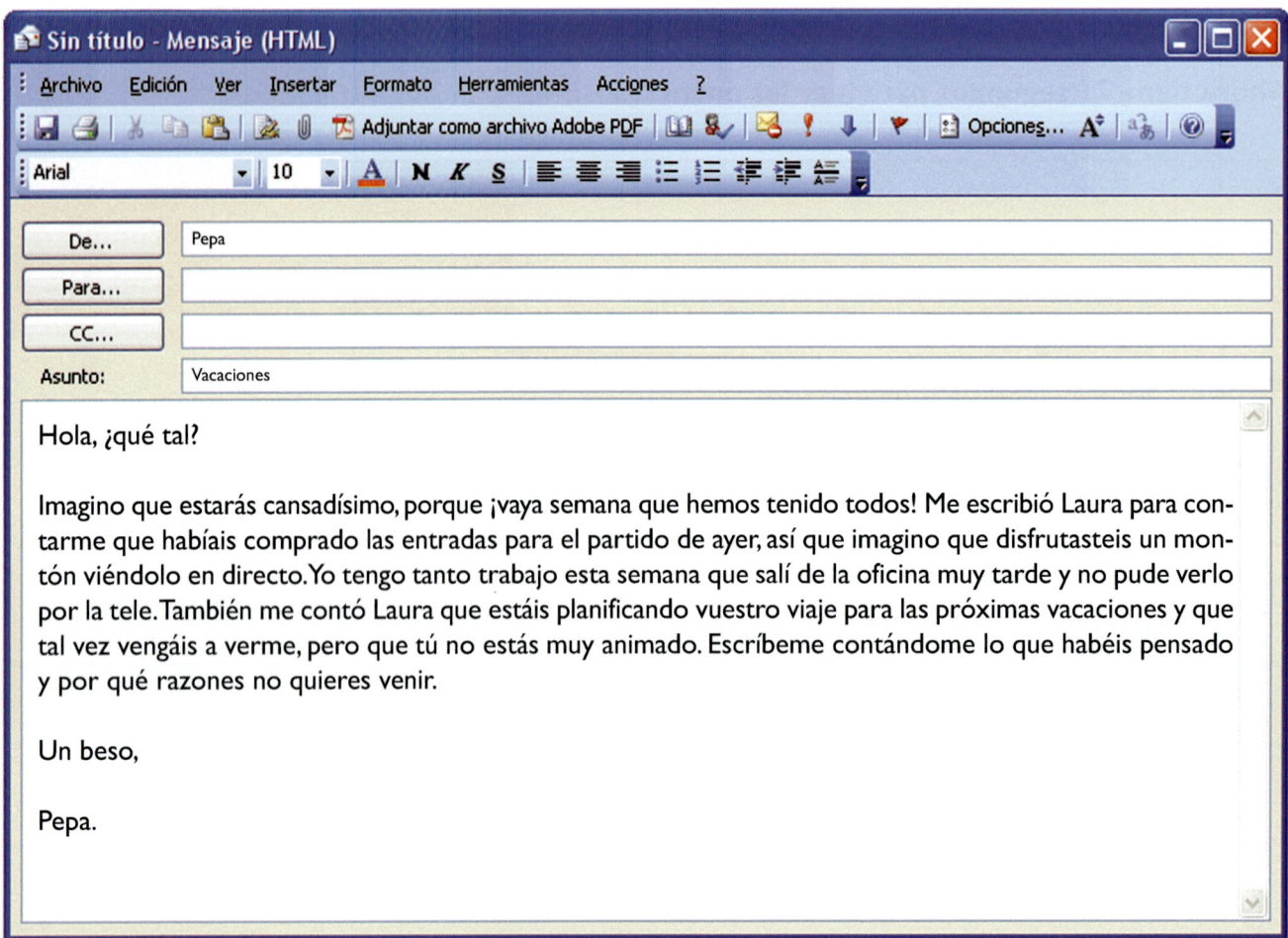

De... Pepa
Para...
CC...
Asunto: Vacaciones

Hola, ¿qué tal?

Imagino que estarás cansadísimo, porque ¡vaya semana que hemos tenido todos! Me escribió Laura para contarme que habíais comprado las entradas para el partido de ayer, así que imagino que disfrutasteis un montón viéndolo en directo. Yo tengo tanto trabajo esta semana que salí de la oficina muy tarde y no pude verlo por la tele. También me contó Laura que estáis planificando vuestro viaje para las próximas vacaciones y que tal vez vengáis a verme, pero que tú no estás muy animado. Escríbeme contándome lo que habéis pensado y por qué razones no quieres venir.

Un beso,

Pepa.

Escriba un correo electrónico para contestar a Pepa. En él deberá:

– saludar;
– contarle el partido al que asistió;
– explicarle las razones para no visitarla en sus vacaciones;
– despedirse.

Número de palabras: entre 100 y 120.

⧖ HORA DE FINALIZACIÓN ___:___

EXAMEN 5

EXPRESIÓN E INTERACCIÓN ESCRITAS — TAREA 2

⏳ **HORA DE INICIO** ___:___

Instrucciones

Elija solo una de las dos opciones que se le ofrecen a continuación.

Número de palabras: entre 140 y 160.

OPCIÓN 1

Lea el siguiente mensaje publicado en un blog:

Fin de semana

por **Teresa**
Moderador: Miguel

Hemos abierto este blog "Fin de semana" dedicado a las actividades de ocio que existen en nuestra ciudad para que nos contéis qué hacéis en vuestro tiempo libre. Podéis participar enviando un texto en el que habléis sobre los lugares que visitáis y qué hacéis durante vuestro tiempo libre.

Mostrar mensajes previos: Todos los mensajes ▾   Ordenar por Fecha publicación ▾   Ascendente ▾
RESPONDER ↵   ← Volver a general   ¿QUIÉN ESTÁ CONECTADO?

Redacte un texto para publicar en el blog en el que deberá:

– explicar qué suele hacer en su tiempo libre;
– contar qué lugares hay en su ciudad para divertirse;
– indicar qué tipo de actividades se pueden realizar en ese lugar;
– informar del horario de apertura y del precio;
– expresar su opinión sobre los servicios que se ofrecen.

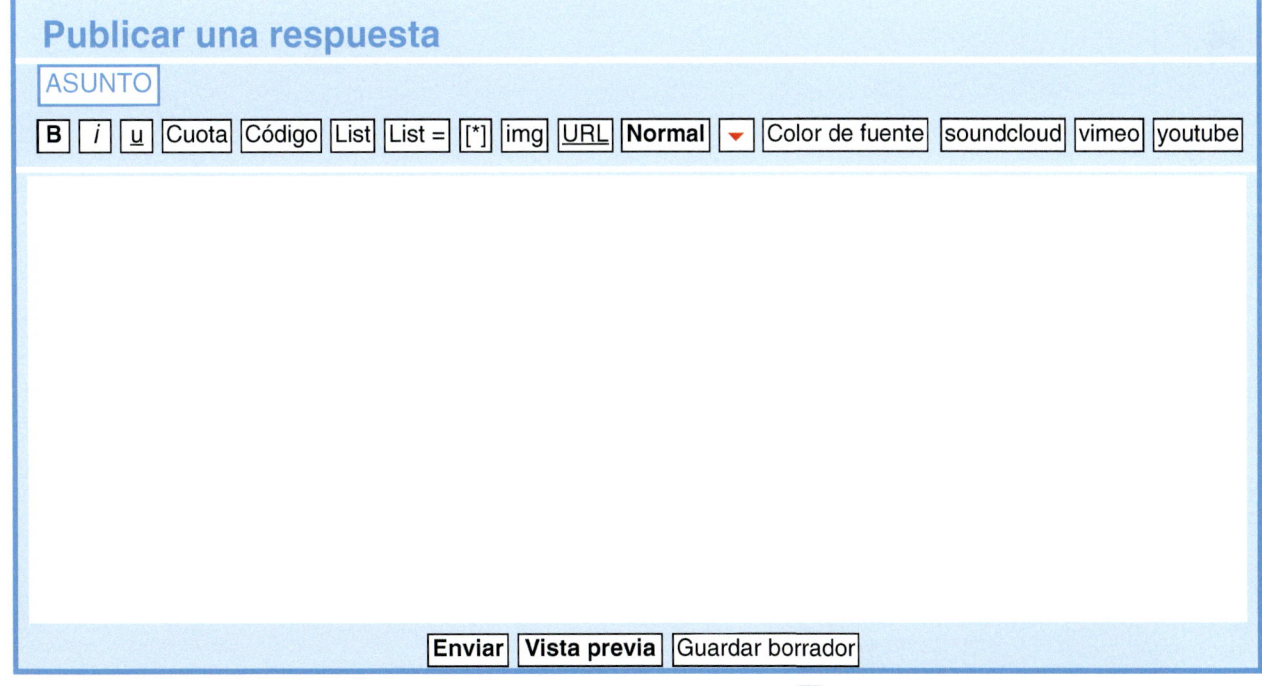

⏳ **HORA DE FINALIZACIÓN** ___:___

EXAMEN 5

OPCIÓN 2

⌛ **HORA DE INICIO** ___:___

Lea la siguiente convocatoria de un concurso:

> Primera edición del
> **Concurso de Cuentos del Mundo.**
> Los concursantes deberán presentar cuentos de sus países de origen y dar una explicación de sus características.
> Puede presentar su texto antes del 5 de junio a través de la página web: www.cuentosdelmundo.concurso.es.

Redacte un texto para este concurso en la que deberá:

– contar de qué país es típico el cuento;
– describir a los personajes del cuento;
– contar la historia o argumento del cuento;
– explicar la enseñanza que el cuento transmite;
– indicar para qué edades es adecuado el cuento.

⌛ **HORA DE FINALIZACIÓN** ___:___

EXAMEN 5

EXPRESIÓN E INTERACCIÓN ORALES

TAREA 1

A continuación, tiene un tema y unas instrucciones para realizar una exposición oral.

Tendrá que hablar durante **2 o 3 minutos.** El entrevistador no interviene en esta parte del examen.

Instrucciones

Cuente qué tipo de **tareas domésticas** suele realizar.

- Incluya información sobre:
    - cuándo suele realizar las tareas domésticas y cuánto tiempo les dedica;
    - cómo se organiza con otras personas para poder hacerlas;
    - qué tareas domésticas realiza con más frecuencia y por qué;
    - qué tareas le resultan más difíciles y por qué.

- No olvide:
    - diferenciar las partes de su exposición: comienzo, desarrollo y final;
    - ordenar y relacionar bien las ideas;
    - justificar sus opiniones y sentimientos.

TAREA 2 Pista 38

Instrucciones

Cuando termine su exposición, usted deberá mantener una conversación con el examinador sobre el mismo tema durante **3 o 4 minutos.**

Escuche ahora las preguntas de la **pista 38.** Detenga el reproductor para contestar después de cada pregunta.

EXAMEN 5

EXPRESIÓN E INTERACCIÓN ORALES TAREA 3 39 🎵

Instrucciones

Observe la siguiente imagen.

A continuación describa con detalle lo que ve en la foto y lo que imagina que está ocurriendo.

Estos son algunos aspectos que puede comentar:
– las personas: cuántas son, dónde están, cómo son, qué hacen.
– el lugar en el que se encuentran: cómo es.
– los objetos: qué objetos hay, dónde están, cómo son.

Posteriormente el entrevistador le hará algunas preguntas.

Escuche ahora las preguntas de la **pista 39**. Detenga el reproductor para contestar después de cada pregunta.

La duración total de esta tarea es de **2 a 3 minutos**.

EXAMEN 5

EXPRESIÓN E INTERACCIÓN ORALES TAREA 4 Pista 40

Instrucciones

Usted dispone de quince días de vacaciones y quiere pasarlos con un/a amigo/a. Por ello se reúne con él/ella para decidir dónde van a ir.

El examinador será su amigo/a. Hable con él siguiendo estas indicaciones:

> **CANDIDATO**
>
> Durante la conversación con su amigo/a usted quiere:
>
> – informarle de las fechas que tiene para viajar;
> – preguntarle por el lugar al que prefiere viajar;
> – explicarle dónde le gustaría viajar;
> – llegar a un acuerdo sobre el lugar de vacaciones;
> – decidir el medio de transporte;
> – distribuir las tareas de organización del viaje.

Escuche ahora las preguntas de la **pista 40**. Detenga el reproductor para contestar después de cada pregunta.

La duración total de esta tarea es de **2 a 3 minutos.**

TRANSCRIPCIONES

EXAMEN 1

COMPRENSIÓN AUDITIVA

TAREA 1 - Pista 1

Mensaje 1

¡Rogamos al propietario del todoterreno con matrícula 1069 de la serie FPM se pase urgentemente a retirar su vehículo del aparcamiento subterráneo; en caso contrario la grúa municipal se hará cargo de su vehículo en cinco minutos, ya que está impidiendo la salida del almacén a nuestros camiones de mercancías desde hace quince minutos.

Conteste a la pregunta número 1 : ¿Qué ha sucedido?

Mensaje 2

Estimados pasajeros: les recordamos que este tren posee un vagón-restaurante. Podrán realizar su reserva para la cena entregando a los camareros la hoja del menú que encontrarán en sus asientos. El horario de cierre del restaurante es media hora antes de la llegada al destino.

Conteste a la pregunta número 2: ¿Qué información proporciona este mensaje?

Mensaje 3

En este momento, pueden observar a la derecha el palacio de los duques de Salsa, que desgraciadamente no puede visitarse los jueves. Nosotros vamos a dejarlos en esta parada frente al museo de artes orientales y aquí los recogeremos para dirigirnos al restaurante donde vamos a comer antes de visitar la fábrica de cerámica local.

Conteste a la pregunta número 3: ¿Qué información proporciona el guía turístico al grupo?

Mensaje 4

Señores clientes: les recordamos que durante estas fiestas la panadería realiza una oferta especial para todos los que compren una tarta; nuestro supermercado abrirá el próximo domingo en su horario habitual de festivos, de 10 de la mañana a 6 de la tarde. Sentimos comunicarles que la pescadería permanecerá cerrada, por lo que les aconsejamos aprovechar nuestra oferta de doradas a mitad de precio.

Conteste a la pregunta número 4: ¿Qué va a suceder durante las fiestas?

Mensaje 5

La compañía de Metro de Barcelona informa de que, a causa de las obras de reforma y ampliación que se están llevando a cabo en la estación de Plaza de Cataluña, el servicio de las líneas 1 y 3 quedará suspendido en todas las estaciones desde las doce de la noche del viernes día cinco hasta las seis de la mañana del lunes ocho. La empresa ha puesto a su disposición un servicio gratuito de autobuses que pueden utilizar con su billete de metro. Les rogamos disculpen las molestias.

Conteste a la pregunta número 5 : ¿De qué informa el Metro de Barcelona?

EXAMEN 1

Mensaje 6

¡Gran Circo Mundial! Niños y niñas, toda la familia, el Gran Circo Mundial se presenta toda esta semana en Caravaca para divertir a pequeños y grandes con su maravilloso espectáculo de leones, tigres y elefantes, con los mejores artistas de todos los tiempos y el payaso Alfonsito, que nos hará reír todo el tiempo. Solo esta semana en Caravaca. El Gran Circo Mundial tiene dos pistas para disfrutar plenamente durante las dos horas de espectáculo. El Gran Circo Mundial ofrece sus funciones a las cuatro y a las siete de la tarde todos los días y también el fin de semana a las 12 del mediodía.

Conteste a la pregunta número 6: ¿Cuántas funciones ofrece el Gran Circo Mundial el sábado?

Complete ahora la **Hoja de respuestas**.

COMPRENSIÓN AUDITIVA

TAREA 2 - Pista 2

Llegué a Barcelona en barco, desde Génova, porque todas las fronteras estaban cerradas. Me instalé en esta ciudad que me encantó desde el principio y en la que he vivido desde entonces. Primero impartía clases de inglés en la Escuela de Idiomas y después me matriculé en la carrera de Historia en la Universidad de Barcelona. Allí tuve la ayuda del profesor Giralt que siempre aceptó la novedad que suponía mi investigación y las clases que empecé a dar sobre Historia de las Mujeres. La Universidad de Barcelona fue el primer centro educativo en España que ofrecía esta asignatura.

Antes de venir a España había tenido la inmensa suerte de vivir en Italia y en Irlanda una experiencia maravillosa de diversidad cultural, y también pude formarme como historiadora con una visión social que se convirtió en una de las bases de mi trabajo.

Cuando empecé a dar clases, una bibliotecaria del Archivo Histórico de la ciudad de Barcelona me ayudó muchísimo en mi proyecto de investigación sobre la historia de las mujeres, porque ella me permitió entrar en un lugar del archivo con muchos documentos prohibidos para los lectores, por eso seguí entonces leyendo sobre las mujeres en la República y la guerra civil española. A partir de ese momento empecé mis entrevistas con mujeres del exilio en Francia. Vi cómo aquellas mujeres no sabían que habían sido importantes en los hechos históricos de una época de España.

Mientras hacía mi tesis doctoral sobre un tema nuevo en ese momento participé en las primeras jornadas sobre la mujer que organizaba la Universidad de Barcelona. Allí, las mujeres volvían a tener voz en público y empezaba un movimiento social con mucha libertad y pluralidad de ideas.

Seguíamos siendo pocas personas las que veíamos que hay que investigar más sobre la mujer. Poco a poco, investigando y dando clase, busqué todos los libros que pude sobre este tema, porque entonces había pocos libros publicados en esta materia.

Leí la tesis poco tiempo después de nacer mis dos hijos. Luego publiqué mi primer libro, *Mujeres Libres*. En ese mismo año en la Universidad Complutense de Madrid se presentaba una tesis sobre la participación de la mujer en la democracia española. Mis estudios se centraban en las asociaciones y organizaciones femeninas y lo hice con la metodología de la Historia Social que entonces empezaba a desarrollarse.

(Montserrat Duch. "Mujeres del mundo. Una conversación con Mary Nash". Historia del presente. N° 16).

Complete ahora la **Hoja de respuestas**.

EXAMEN 1

COMPRENSIÓN AUDITIVA

TAREA 3 - Pista 3

Esta tarde se presenta el libro "*La Universidad de Valencia y su patrimonio cultural*", dedicado a mostrar los bienes culturales que esta institución ha reunido durante sus cinco siglos de existencia. La obra está compuesta por dos volúmenes: el primero está dedicado a la historia de la Universidad y a sus colecciones artísticas; el segundo contiene capítulos sobre la vida de los principales artistas relacionados con la Universidad.

Las últimas excavaciones realizadas en el yacimiento de Cintorres, en la provincia de Castellón, han permitido el descubrimiento de cuatro huesos de dinosaurio de noventa centímetros cada uno de ellos y con una antigüedad de más de cien millones de años. Desde hace nueve años se han descubierto en este yacimiento más de setecientos fósiles de los grandes saurios que poblaban esta zona hace millones de año.

Esta noche, en el canal Cuatro, se estrena el espacio de reportajes "¿Qué hago yo aquí?", dirigido por la periodista Elena Ortega, que viaja a diferentes lugares del mundo marcados por la dureza de sus condiciones de vida: un clima extremo poco soportable, un alto nivel de inseguridad ciudadana que convierte una salida a la calle en una acción de alto riesgo o una tasa de contaminación que es un peligro para la salud. En este primer capítulo el destino será la fría Siberia.

El joven colombiano Jairo Mato, de veintitrés años, fue el ganador de la Vuelta Ciclista al País Vasco, al llegar a la línea de meta veinticinco segundos antes que el gran favorito, Juan Prado, el corredor del equipo australiano Sky, en la contrarreloj de veinticuatro kilómetros celebrada el pasado jueves en la localidad de Beasain. El primer español fue Alberto Contador, clasificado en quinto lugar en la clasificación general.

Para mañana, se esperan algunas lluvias de madrugada en el norte de Baleares y noroeste de Cataluña, mientras que en Galicia el cielo estará despejado. Las temperaturas subirán unos grados a lo largo del día en todas las regiones de España, especialmente en el sur.

Las personas nacidas bajo el signo de Capricornio deberían seguir estos consejos que ha escrito para el día de hoy nuestra astróloga, Luz Solar: demuestre su cariño a la persona amada y a todo su entorno familiar. No sea imprudente con sus inversiones y calcule sus gastos con mucho cuidado. Eso sí, aunque está en un momento físico inmejorable, debe tener cuidado con los cambios bruscos de temperatura.

Complete ahora la **Hoja de respuestas**.

EXAMEN 1

COMPRENSIÓN AUDITIVA

TAREA 4 - Pista 4

Persona 0

Cuando llevaba varios años en la Universidad me di cuenta de que no me gustaba estudiar y que por eso cada año suspendía más y más asignaturas, hasta que decidí dejar de estudiar y empecé a buscar un trabajo en el que no me exigían pasar muchas horas delante de los libros. Además, así podía ganar dinero y ser más independiente.

Persona 1

Unos años después de terminar mis estudios en Química me contrataron en una empresa para un trabajo que me deja bastante tiempo libre, y entonces me di cuenta de que lo que realmente me gustaba no era la Química sino estudiar Psicología, así que ahora estudio por las tardes en casa, con algunos amigos.

Persona 2

El primer año me alojé en una residencia universitaria y allí conocí a otros estudiantes de otras carreras con los que me llevaba muy bien, de modo que al año siguiente nos fuimos juntos a vivir a un piso muy grande y bastante barato donde podíamos llegar tarde si queríamos y hacer algunas fiestas, algo que estaba totalmente prohibido en la residencia.

Persona 3

Recuerdo a todos mis profesores de la Universidad como personas muy inteligentes y que sabían muchas cosas, pero por encima de todos recuerdo al profesor de Historia Antigua, porque en sus clases aprendía mucho, me lo pasaba bien estudiando y no me parecía difícil. Todavía conservo los apuntes y aunque parezca mentira de vez en cuando los leo y sigo aprendiendo cosas.

Persona 4

Como tenía que levantarme muy temprano para llegar a tiempo a clase porque vivía en otra ciudad, un día que el profesor estaba proyectando unas diapositivas de Historia del Arte, que era una asignatura muy interesante, mi compañero tuvo que despertarme.

Persona 5

Al terminar el tercer año de mis estudios, pensé que lo mejor era continuar con una especialidad que no se daba en mi Universidad, así que me trasladé a Zaragoza. Allí conocí a mi novio. Creo que hice la elección más adecuada, que me cambió la vida, y estoy muy satisfecha de haberlo hecho, aunque tuve que dejar a todos mis compañeros y hacer nuevos amigos.

Persona 6

Mis amigos, en el último curso, siempre estaban en la biblioteca, porque las asignaturas eran muy difíciles y no era suficiente estudiar con los apuntes, pero yo había conseguido un contrato temporal por las tardes en una empresa de publicidad, así que cuando terminaban las clases comía rápidamente en la cafetería y ya no volvía a casa hasta la hora de la cena.

Complete ahora la **Hoja de respuestas**.

EXAMEN 1

COMPRENSIÓN AUDITIVA

TAREA 5 - Pista 5

Susana: ¿Quieres un poco más de tarta?
Lucas: No, gracias, es que estoy a dieta desde hace un mes.
Susana: Pero si no estás gordo.
Lucas: Ya, pero es que he dejado de hacer ejercicio desde que me di un golpe en la rodilla en el último partido con los compañeros de la oficina.
Susana: ¡Ay!, pero puedes hacer como yo; ve caminando al trabajo.
Lucas: Bueno, tengo que pensármelo, a lo mejor cuando vuelva de Chile.
Susana: ¡Qué dices! ¿Vas a Chile? No me habías dicho nada.
Lucas: Bueno, todavía tengo que renovar el pasaporte, pero estoy preparándolo todo para pasar allí dos semanas este verano.
Susana: Pues el otro día vi un programa en la televisión sobre algunas ciudades chilenas, pero lo empecé a ver cuando estaba terminando.
Lucas: ¡Qué pena! Porque me podrías haber contado lo que viste.
Susana: No pasa nada, puedo contarte muchas cosas, porque estuve en Chile hace tres años y vine cargada, con cuatro maletas llenas de artesanía local y regalos para todos mis amigos.
Lucas: Pero solo te permitirían facturar dos maletas, ¿no?
Susana: Sí, pero es que me gustaba todo lo que veía.

Complete ahora la **Hoja de respuestas**

EXPRESIÓN E INTERACCIÓN ORALES

TAREA 2 - Pista 6

–¿Le gusta cocinar? ¿Con qué frecuencia lo hace?
–¿Qué tipo de comida prepara? ¿Hace algún plato especial los días de fiesta? ¿Por qué?
–¿Le gusta la comida de algún país especialmente? ¿Por qué?
–¿Le gusta aprender nuevas recetas? ¿Cambia usted las recetas para perfeccionarlas?
–¿Dónde encuentra nuevas recetas de cocina? ¿Tiene libros de cocina? ¿Ve programas de televisión o consulta recetas en internet?
–¿Sigue algún blog de cocina? ¿Escribe o ha escrito algo relacionado con las recetas de cocina?
–¿Recuerda alguna receta tradicional de su país? ¿Qué ingredientes lleva? ¿Cuándo se prepara?
–¿Conoce alguna receta española o hispanoamericana? ¿Cuándo la ha probado?
–¿Ha hecho usted platos de otros países? ¿Quién le enseñó a hacerlos?
–¿Le gusta cocinar para sus invitados? ¿Tiene algún plato especial para personas que vienen a su casa?
–¿Ha preparado alguna vez una receta para invitados y le ha salido mal? ¿Qué pasó?
–¿Qué receta no ha podido preparar nunca? ¿Por qué?
–¿Qué plato le gustaría saber cocinar? ¿Por qué?

EXPRESIÓN E INTERACCIÓN ORALES

TAREA 3 - Pista 7

–¿Cree usted que estas personas practican habitualmente este deporte? ¿Por qué?
–¿Qué relación cree que existe entre ellos? ¿Por qué?
–¿Por qué motivo cree que practican deporte?
–¿Usted practica deporte? ¿Qué deporte? ¿Con qué frecuencia?

EXAMEN 1

EXPRESIÓN E INTERACCIÓN ORALES — TAREA 4 - Pista 8

–¿Qué deporte le gustaría practicar?
–¿A qué hora puede venir?
–¿Qué día de la semana prefiere?
–Si lo prefiere, tenemos una oferta para el fin de semana, que es más barata que durante la semana.
–Por un poco más, puede utilizar nuestro gimnasio dos horas a la semana.

EXAMEN 2

COMPRENSIÓN AUDITIVA — TAREA 1 - Pista 09

Mensaje 1

Este es el contestador automático de Reparaciones de Electrodomésticos Gustavo. Nuestro horario de atención al público es de lunes a viernes, de ocho de la mañana a dos de la tarde y de cuatro a siete de la tarde; los sábados abrimos de diez a una. En caso de emergencia fuera de estos horarios o en días festivos, llame al ocho cero siete veinte veintiuno veintidós.

Conteste a la pregunta número 1 : ¿Qué horario de atención al público tiene *Reparaciones Gustavo*?

Mensaje 2

Ha llamado usted al servicio de atención telefónica de Viajes Calderón; en este momento todas nuestras líneas están ocupadas. Si desea pedir información sobre sus reservas, pulse la tecla uno; si desea conocer nuestras ofertas de última hora, pulse la tecla dos; si desea presentar una queja o hacer una reclamación, pulse tres. Recuerde que puede gestionar todas sus peticiones a través de nuestra página web. Si lo que desea es hablar con uno de nuestros agentes, vuelva a llamar dentro de unos minutos.

Conteste a la pregunta número 2 : ¿Para qué hay que marcar un número?

Mensaje 3

¡Hola! Soy María Ángeles, pero en este momento seguro que estoy muy ocupada y por eso no he podido responder tu llamada. Déjame un mensaje y te prometo que te llamo en cuanto termine lo que estoy haciendo. De todas formas, si quieres puedes volver a llamarme dentro de una hora si no te he llamado, por si se me ha olvidado. Un besito.

Conteste a la pregunta número 3: ¿Por qué María Ángeles no contesta en este momento?

Mensaje 4

Ha llamado a la Dirección Técnica de Recursos Educativos del Centro de Profesores. Soy José Ángel de la Guardia, pero esta semana no puedo atenderlo personalmente porque he salido a un viaje profesional y no volveré al despacho hasta el próximo lunes. Si lo desea, póngase en contacto con el Centro de Profesores para que atiendan su consulta o escríbame un correo electrónico que responderé lo antes posible. Un saludo.

Conteste a la pregunta número 4: ¿Por qué no responde José Ángel de la Guardia?

EXAMEN 2

Mensaje 5

Servicio de Atención al Público de la *Dirección General de Policía*. Desde el pasado quince de octubre, todas las solicitudes de cita previa para la tramitación de documentos (renovación de documentos de identidad, pasaportes, permisos de residencia y autorizaciones de viaje) se realizan a través de la página web del Ministerio del Interior. También puede dirigirse a la comisaría de Policía más cercana y allí le explicarán el nuevo procedimiento.

Conteste a la pregunta número 5 : ¿De qué se informa en este mensaje?

Mensaje 6

Este es el servicio de información del teatro Ideal. En este servicio no podrá comprar ni reservar sus entradas. Para hacerlo tendrá que llamar al número novecientos dos veintitrés quince ochenta y dos o entrar en nuestra página web, tres uves dobles ideal punto com. Nuestra temporada comienza el próximo dos de octubre con la obra *"Las bicicletas son para el verano"*, que se representará hasta el quince de noviembre a las veinte horas de lunes a jueves y en sesiones de dieciocho y veintiuna horas los viernes y sábados.

Conteste a la pregunta número 6: ¿Qué información proporciona este contestador?

Complete ahora la **Hoja de respuestas**

COMPRENSIÓN AUDITIVA

TAREA 2 - Pista 10

Ya llevo diez años de relación con la ópera. Aunque siempre cuento desde mi debut profesional, en Italia, es cierto que un año antes seguí en los Estados Unidos de América un programa para jóvenes artistas; una etapa muy productiva que podría considerarse de transición entre mi vida de estudiante y la profesional. En Estados Unidos, canté cuatro personajes principales de otras tantas óperas en un ciclo exclusivo para estudiantes. En Europa creo que eso no existe, y además las compañías americanas organizan talleres para que los cantantes que están empezando hagan papeles pequeños o para que, en caso de necesidad, actúen en lugar de algún cantante profesional que esté enfermo.

Después de tantos años de trabajo, llegó un momento en el que no podía seguir viajando y cantando como antes; yo estaba muy mal físicamente, me sentía cansadísimo y casi no tenía voz para cantar, me ponía enfermo constantemente. Los doctores me aconsejaron estar cinco semanas sin actuar y yo pensé que tenía que hacer algo más allá de ponerme bien físicamente. Tenía que volver a pensar en mí y en mi profesión. Me tomé cinco meses para estar bien físicamente, porque necesitaba hacer un análisis de mi trabajo y para eso necesitaba tiempo. Podría haberme tomado otros cinco meses, pero ahora estoy contento de haber vuelto a cantar en público después de hacer lo que creo que era mi obligación. Esa época me sirvió para aprender muchas cosas que pasaron muy deprisa y que tuvo momentos muy difíciles; si tengo que resumirlo en una frase diré que tengo la impresión de estar empezando una etapa en la que soy un cantante adulto. Eso no tiene nada que ver con mi edad como ser humano, sino como cantante. Hasta ahora había entrado en los teatros utilizando mi voz con fuerza, como lo hace un cantante adolescente. Ahora me veo más responsable, me siento más artista. Durante mucho tiempo me pregunté qué es eso de ser cantante de ópera, qué significaba ser artista y cuál era mi importancia como ser humano en este mundo. Necesitaba una respuesta a esta pregunta para darle importancia a lo que estaba haciendo y no solo para divertirme con mi trabajo.

EXAMEN 2

Puedo decir que todo lo que me ha pasado ha sido maravilloso. Pero en el mundo de la ópera hay algo absurdo, se firman contratos para actuar dentro de dos, tres y a veces hasta cinco años. Así que cuando empezaron a pedirme cantar en los mejores teatros del mundo siempre decía sí; en ese momento tenía miedo a decir no, porque piensas que, si lo haces, no van a volver a llamarte. Ahora sé que hay que aprender a decir no, y también hay que saber decir sí, aceptar las oportunidades más interesantes.

(Juan Antonio Llorente, "Entrevista a Rolando Villazón". Scherzo, N° 228. Marzo 2008).

Complete ahora la **Hoja de respuestas**.

COMPRENSIÓN AUDITIVA

TAREA 3 - Pista 11

La rectora de la Universidad de Málaga, Adelaida de la Calle, ha sido nombrada presidenta de la Conferencia de Rectores de las Universidades Españolas, en las elecciones que se celebraron en la Universidad de las Islas Baleares el pasado 13 de octubre. De la Calle, que es la primera mujer que preside este organismo, sustituye en el cargo a Francisco Gutiérrez Solana, quien ha ocupado este cargo los últimos cuatro años.

El próximo viernes tendrá lugar la inauguración de la nueva edición de Teatralia, el festival de teatro que durante el mes de marzo ofrecerá un total de ciento quince funciones de música, magia, teatro y títeres, además de una exposición. La obra con la que se inaugura esta muestra, "Historia de un contrabajo", está dirigida a niños a partir de ocho años y se podrá ver en el Teatro Carlos III del municipio madrileño de San Lorenzo de El Escorial.

Cuando las luces de Navidad se apagan, llegan las rebajas para animar las calles. Ven a Madrid en estas fechas y haz una ruta de tiendas por las calles y las zonas comerciales más importantes. Si ahora no puedes, recuerda que durante todo el año también puedes encontrar interesantes descuentos en los mercadillos populares y en centros comerciales como Las Rozas.

Acaba de publicarse la Guía del alojamiento rural de Castellón; esta publicación ofrece información sobre la oferta de alojamientos rurales en la provincia de Castellón, la segunda más montañosa de España y que posee un interior diverso y natural que no deja indiferente al visitante. El lector puede consultar diferentes datos sobre esta atractiva oferta de alojamientos que permiten disfrutar de paisajes naturales, pueblos pintorescos, tradiciones de una cultura milenaria, gastronomía local, senderismo, deportes de aventura, monumentos y fiestas. El libro incluye un mapa y una breve descripción de 24 municipios.

El atleta gallego Andrés Micó y la cubana Yamilka González consiguieron ayer el triunfo en las categorías masculina y femenina de la Media Maratón celebrada en San Sebastián, la más antigua del mundo. En total, en esta edición participaron dos mil ciento treinta corredores, de los cuales mil ochocientos cincuenta fueron hombres y cuatrocientas ochenta mujeres. La victoria de Micó fue clara, ya que corrió la prueba en una hora, nueve minutos y veintiséis segundos. Por su parte, la atleta cubana tardó catorce minutos más en llegar a la meta.

EXAMEN 2

Durante las próximas jornadas empezará a ser más evidente el ambiente primaveral en toda la Península Ibérica. Suben las presiones en el océano Atlántico, frente a las costas de Portugal, y con estas circunstancias en la atmósfera habrá una gran estabilidad. Las temperaturas continuarán ascendiendo, pudiendo llegar a alcanzarse los veintiocho grados a mitad de la semana próxima.

Complete ahora la **Hoja de respuestas**.

COMPRENSIÓN AUDITIVA

TAREA 4 - Pista 12

Persona 0

Normalmente viajo con poco equipaje, pero como íbamos a pasar mucho tiempo fuera y viajábamos toda la familia, llevábamos muchas maletas con ropa, libros, incluso algunos productos típicos para regalar a nuestros amigos. En la cinta de equipajes estuvimos mucho tiempo esperando; habían llegado tres maletas pero las otras seguían sin salir y cuando ya solo quedábamos nosotros tuvimos que ir a reclamar las dos que no habían llegado.

Persona 1

Tenía mucha ilusión por ir a aquel hotel, porque anunciaban que tenía piscina olímpica, sauna, un magnífico gimnasio, un restaurante con música en directo, vistas panorámicas… En realidad, la piscina estaba en obras y no funcionaría hasta el mes siguiente; en el restaurante solo había conciertos una vez al mes; el gimnasio era una habitación oscura y pequeña en el sótano con una bicicleta y una cinta, y no vi por ninguna parte la zona del spa.

Persona 2

Llegamos al aeropuerto dos horas antes de la salida del vuelo y aunque llevábamos poco equipaje decidimos facturar la maleta en la que llevábamos la ropa. Cuando estábamos en la sala de embarque nos comunicaron por megafonía que el avión saldría con dos horas de retraso porque había mucho viento. Cuando llevábamos más de seis horas en esa sala, nos devolvieron la maleta y tuvimos que volver a casa en taxi.

Persona 3

Cuando llegué a la playa, era un poco tarde, porque el vuelo había salido a mediodía; hacía un poco de frío y no apetecía bañarse. Empezaron a caer unas gotas, pero yo no quería irme de allí porque son los únicos días de vacaciones que salgo de la ciudad. Al final tuve que irme al hotel porque el cielo estaba lleno de nubes y ya no pude volver a la playa porque la lluvia no dejaba de caer.

Persona 4

Como siempre llego con el tiempo justo al aeropuerto, tuve que embarcar directamente en el avión y cuando llegué a mi destino me di cuenta de que no llevaba ni un solo billete. Entonces fui a un cajero automático y con la tarjeta pude sacar dinero para el taxi y para todos los gastos y las compras que pensaba hacer esos días.

EXAMEN 2

Persona 5

Como el vuelo llegó muy tarde y además llevábamos muchas maletas, que tardaron mucho en salir, tuvimos que coger un taxi hasta el hotel. Ya era de noche y la calle del hotel no estaba bien señalizada; el conductor tuvo que preguntar varias veces y dar muchas vueltas, así que con la tarifa nocturna, el suplemento por las maletas y del aeropuerto y que el hotel estaba lejos, pagamos el doble de lo que pensábamos gastar.

Persona 6

Habíamos salido muy temprano, porque sabíamos que ese día iba a haber mucho tráfico. La verdad es que a la salida no había muchos coches, pero hubo un momento, cuando solo faltaban cien kilómetros para llegar, que todos los coches estábamos parados y avanzábamos muy despacio, así que tardamos casi cuatro horas más de lo normal. Cuando llegamos al hotel, habían anulado nuestra reserva y tuvimos que buscar otro hotel.

Complete ahora la **Hoja de respuestas**.

COMPRENSIÓN AUDITIVA — TAREA 5 - Pista 13

Toño: Hola, Cristina, ¿me has enviado ya las fotos?
Cristina: No, todavía no he podido, porque he llevado a reparar el ordenador y no me lo entregarán hasta la semana que viene.
Toño: Tengo ganas de verlas porque lo pasé muy bien. Por cierto, este sábado voy a salir con mis amigos, ¿quieres venir con nosotros?
Cristina: Te lo agradezco, Toño, pero salí el sábado pasado y bebí tanto que estuve todo el domingo acostada, con un dolor de cabeza grandísimo. Además, el lunes tengo una entrevista de trabajo.
Toño: ¿Otra? Pero ¿no habías empezado a trabajar el mes pasado?
Cristina: Sí, pero todavía no hemos firmado los documentos y me temo que quieran engañarme.
Toño: Por cierto, ¿sabes que he pedido una ayuda para estudiar este verano en Corea?
Cristina: ¿En serio? A mí me la dieron el año pasado.
Toño: ¿Y qué tal por allí?
Cristina: Muy bien, la verdad, porque aprendí un montón de cosas que no habíamos visto todavía en la carrera.
Toño: Pero dicen que hay que estudiar mucho.
Cristina: Se estudia de otra manera, como a mí me gusta: comprendiendo lo que lees. No aguanto estudiar repitiendo una y otra vez lo mismo.

Complete ahora la **Hoja de respuestas**.

EXPRESIÓN E INTERACCIÓN ORALES — TAREA 2 - Pista 14

–¿Tiene usted conexión a Internet en casa? ¿Y en el teléfono?
–¿Utiliza su tiempo de trabajo para conectarse a Internet? ¿Desde cuándo usa Internet?
–¿Cuántas horas al día suele navegar por Internet?

EXAMEN 2

—¿A qué hora se conecta? ¿Cuántas veces al día consulta su correo electrónico? ¿Participa usted en alguna red social? ¿En cuál?
—¿Dónde suele conectarse a Internet?
—¿Con qué finalidad usa Internet?
—¿Qué páginas suele visitar con más frecuencia? ¿Por qué? ¿Compra habitualmente a través de Internet?
—¿Qué tipo de productos o servicios?
—¿Cuál ha sido su última compra en Internet? ¿Se descarga música, películas y libros desde Internet? ¿Qué ventajas tiene hacerlo?
—¿Cuáles son sus páginas favoritas? ¿Qué temas tratan esas páginas?
—¿Qué cosas cree que se harán en el futuro a través de Internet?
—¿Por qué motivo dejaría usted de utilizar Internet?

EXPRESIÓN E INTERACCIÓN ORALES   TAREA 3 - Pista 15

—¿Qué cree usted que están haciendo estas personas?
—¿Qué relación existe entre ellas?
—¿Por qué cree que están en la cocina?
—¿A usted le gusta cocinar?
—¿Qué tipo de platos cocina con más frecuencia?
—¿De qué país es su cocina favorita?

EXPRESIÓN E INTERACCIÓN ORALES   TAREA 4 - Pista 16

—Pero ¿estás seguro de que vas a saber hacerlo?
—¿Quieres que te apunte la receta en un papel?
—Yo a veces, cuando no me acuerdo, miro en Internet cómo se hace. ¿Tú consultas algún blog?
—¿Conoces esa tienda que tiene algunos productos muy especializados?

EXAMEN 3

COMPRENSIÓN AUDITIVA   TAREA 1 - Pista 17

Mensaje 1

Hola, Miguel, soy José Luis. Te llamo porque había quedado con Nuria en pasar a tomar café por su casa, pero hoy me resulta imposible y he perdido su número de teléfono. ¿Puedes llamarla para decirle que mañana nos vemos en clase y, si no te importa, me mandas su número de teléfono?

Conteste a la pregunta número 1 : ¿Por qué llama José Luis a Miguel?

EXAMEN 3

Mensaje 2

Buenos días, mi nombre es Ricardo Fernández y llamo porque se me ha estropeado la calefacción en casa y necesito que pasen lo antes posible por mi domicilio para arreglarla porque tengo un niño pequeño. Yo estaré en casa todo el día, de modo que pueden llamarme en cualquier momento para revisarla, porque ya he intentado encenderla varias veces y no he podido. Mi número de teléfono es el seis quince treinta cincuenta y dos.

Conteste a la pregunta número 2 : ¿Para qué deja Ricardo este mensaje?

Mensaje 3

Buenos días, señor Fernández. Soy Claudia Martínez, del Banco Estamental, y lo llamamos porque llegó un recibo de electricidad y su cuenta está en números rojos desde hace una semana. Aunque ya le hemos enviado una carta informándole de la situación, queríamos hablar con usted para que nos autorice a hacer una transferencia de doscientos euros desde su otra cuenta. Si lo desea, puede llamarme o pasarse por nuestras oficinas hasta las tres de la tarde. Muchas gracias.

Conteste a la pregunta número 3: ¿Por qué motivo llama Claudia Martínez al señor Fernández?

Mensaje 4

Laura, soy Lola, la mamá de Víctor; llevo toda la mañana intentando hablar contigo porque me han llamado del colegio para recordarme que aún no he pagado la entrada para que el niño vaya al zoológico el lunes próximo. Como el plazo para pagar acaba este jueves, págala tú, por favor, y este viernes cuando nos veamos a la salida del colegio te doy el dinero.

Conteste a la pregunta númeo 4: ¿Para qué llama Lola a Laura?

Mensaje 5

Blanca, que soy Alfredo; el avión ha llegado con más de una hora de retraso, y todavía tengo que recoger las maletas, así que no creo que pueda ir en tren contigo. Voy a mirar el horario de autobuses y tomo el primero que pueda. Tú ve en el tren como tenías planeado y nos vemos directamente esta noche en el hotel. Si hay algún otro retraso te vuelvo a llamar.

Conteste a la pregunta número 5 : ¿Qué quiere Alfredo que haga Blanca?

Mensaje 6

Javier, soy yo otra vez, Pilar; perdona que te llame con tan poco tiempo, pero es que se me ha olvidado pedirte que compres dos o tres barras de pan, porque esta noche vienen a cenar mis primos de Guadalajara, y ya estoy preparando la cena. Por cierto, si vas a la panadería o al supermercado, intenta traer algo para el postre, una tarta o algún helado, pero no olvides que a mi prima no le gusta el chocolate.

Conteste a la pregunta número 6: ¿Qué se le ha olvidado a Pilar?

Complete ahora la **Hoja de respuestas**.

EXAMEN 3

COMPRENSIÓN AUDITIVA — TAREA 2 - Pista 18

Mis primeros recuerdos matemáticos se sitúan alrededor de los 12-13 años. Un excelente profesor, o ciertas habilidades personales para los números y para las operaciones matemáticas, así como unas buenas notas en la materia me hicieron distinguir las Matemáticas del resto de las asignaturas. A partir de ese momento, siempre he mantenido con ellas una relación especial.

Los cursos pasaron y los recuerdos se juntan en mi mente. Pienso en los buenos resultados de los que estaba muy orgullosa. Pienso, también, en algún profesor que esperaba mejores resultados por mi parte y me hacía sentir mal por no llegar a cumplir sus esperanzas.

Así, llegué a un momento importantísimo en la vida de todo estudiante: ¿qué carrera elegir? Mi decisión fue fácil, y estaba muy reflexionada: siempre había querido ser "maestra", enseñar a los demás, y lo sería de matemáticas (asociada con la asignatura de Ciencias Naturales, en esos momentos).

De la escuela de Magisterio recuerdo las clases de Didáctica. Y a una profesora que nos hizo trabajar "Geometría" de forma diferente. Sus preguntas nos tenían varios días ocupados pensando, porque no era fácil encontrar la solución. Nunca había estudiado tanto los sólidos: cubos, prismas, antiprismas, pirámides, etc.

Tras esta excelente etapa, llegó mi vida profesional: "era maestra". Y empecé dando clases de matemáticas y de ciencias naturales. Fui afortunada, en el colegio se respetó mi especialidad y no tuve que dar clases de historia o de educación física, por ejemplo.

Dando clase, redescubrí las matemáticas con mis estudiantes. Aprendí mucho, tratando de enseñarlas. Pasé excelentes momentos con los alumnos entusiasmados por la materia: trabajando incluso en los descansos entre clase y clase, compartíamos los bocadillos.

Pero, como veis, lo positivo compensa lo negativo. Y seguí estudiando una carrera que ahora se llama "Pedagogía". Quería enseñar bien, y por supuesto matemáticas. He sido maestra de matemáticas durante casi catorce años ininterrumpidos. Y, a veces, aún me planteo por qué no sigo siéndolo. Pero empezaron a dotarse los institutos de profesores de una nueva especialidad "psicopedagogos / orientadores" y, casi sin planteármelo, me encontré en uno, con un gran departamento, sin alumnos y sin matemáticas, dispuesta a realizar una nueva labor. No sabía muy bien cuál, ni cómo, pero tenía muchas ganas, y creía que este nuevo tipo de profesorado tenía mucho que aportar a la enseñanza.

De esto, han pasado seis cursos. Y en cada Instituto por el que he pasado, siempre he tenido una especial vinculación con el departamento de matemáticas y con sus profesores. Forma parte de mi trabajo revisar niveles de matemáticas, y me sienta bien. Me piden consejos sobre cómo estudiarlas y trato de orientarles y serles útil. A veces, incluso, aprovecho alguna que otra guardia para trabajar matemáticas con alumnos. Y, sigue siendo un placer.

Hoy, me encuentro muy centrada como psicopedagoga; me gusta mi nueva función. Y en el Departamento de Orientación donde trabajo siempre tengo hojas con problemas. Y juegos, y poliedros…

(Construcción sociocultural de la profesionalidad docente: estudio de casos de profesores comprometidos con un proyecto educativo. Universidad de Valencia).

Complete ahora la **Hoja de respuestas**.

COMPRENSIÓN AUDITIVA — TAREA 3 - Pista 19

Los trabajadores de la cadena de hoteles Siesta aceptaron ayer el acuerdo firmado por el noventa por ciento de los representantes de la plantilla con la dirección de la empresa el pasado mes de septiembre. El plazo para unirse al pacto acababa ayer mismo. En la votación participaron más de mil trabajadores, de los cuales votó a favor de la propuesta un setenta y dos por ciento.

EXAMEN 3

📄

El grupo *Florida,* una de las cooperativas educativas más grandes de la región de Murcia, impartirá el próximo curso un nuevo ciclo de formación profesional relacionado con el desarrollo de videojuegos. Se trata de los estudios que permiten obtener el título de Técnico Superior en Juegos y Entornos Interactivos, una opción académica que figura en el catálogo oficial del Ministerio de Educación pero que no existe todavía en ningún centro de esta comunidad, tanto público como privado.

📄

El pasado sábado se inauguró el Auditorio de la Diputación de Alicante. El edificio posee una sala exclusivamente destinada a la música sinfónica, con capacidad para más de un millar y medio de espectadores, un escenario para ciento cuarenta cantantes de coro y ciento veinte músicos. El edificio también dispone de una sala para música de cámara con trescientas veinte localidades, dos salas de ensayo para orquesta y ocho salas para congresos, coloquios y exposiciones.

📄

El próximo viernes, con la inauguración de la iluminación artística, darán comienzo las fiestas de Moros y Cristianos que la ciudad de Villajoyosa celebra en honor a Santa Marta. Al día siguiente tendrá lugar la entrada de las Bandas de Música que recorrerán el municipio y concluirán con un concierto en la plaza del pueblo. El último día, a las nueve de la noche, se llevará a cabo el desfile de Moros y Cristianos, el acto más emblemático de las fiestas locales.

📄

Cuando solo faltan nueve partidos para el final de esta temporada de Liga, el Elche Club de Fútbol, con sesenta y nueve puntos, sigue disponiendo de doce puntos de ventaja sobre el tercer clasificado. Le sigue el Almería, que vuelve a ocupar la segunda posición gracias a su victoria en Huelva y se coloca a once puntos de distancia. El Villarreal comparte con el Murcia la tercera posición y ha dejado atrás al Alcorcón, que perdió este domingo su partido en Santander.

📄

Las lluvias de las últimas semanas han superado los ciento cincuenta litros por metro cuadrado, como media, desde el inicio del año. Por ello, la agricultura española ha sido la gran beneficiada de esta situación, asegurando una excelente producción de cereales, especialmente en el norte y, en menor medida, en Extremadura. Sin embargo, el agua ha perjudicado la producción de coles y brócoli en el valle del Ebro, el tomate en Extremadura, el espárrago en Navarra y los ajos en La Mancha. No obstante, la patata se ha salvado en Murcia y Andalucía.

Complete ahora la **Hoja de respuestas**.

COMPRENSIÓN AUDITIVA

TAREA 4 - Pista 20 🎵

Persona 0

Con los pantalones siempre me pasa lo mismo: o me quedan muy pequeños o demasiado grandes; y da igual las horas que esté probándome, pero al final siempre encuentro algo; la última vez, sin embargo, fue imposible, me dijeron que iban a recibir nuevos productos de la fábrica porque ya estaba todo vendido y tuve que volver a casa con las manos vacías.

EXAMEN 3

Persona 1

Una amiga me había invitado a su cumpleaños y entonces pensé comprarle un bolso que había visto anunciado en televisión muchas veces, pero fui a muchas tiendas y en ninguna lo tenían. Al final, decidí comprarle otra cosa que no era tan bonita, pero que a ella le ha gustado mucho, pero yo no le he dicho que ese no era el regalo que quería hacerle.

Persona 2

Hace mucho tiempo vi una chaqueta preciosa, que me quedaba perfectamente, parecía hecha a medida, pero en ese momento no llevaba dinero y preferí esperar a las rebajas. Cuando llegó enero estaba a mitad de precio y pude comprarla y me la puse desde la siguiente temporada. Todavía la utilizo, aunque ya está muy gastada por el uso y no está muy de moda.

Persona 3

Hace poco quise comprar unas botas como las que me compré hace cinco años, porque son perfectas para ir de excursión y caminar por la montaña, pero en todas las zapaterías donde he preguntado me dicen que ese modelo ya no existe, que la empresa cerró hace dos años y me ofrecen otras que no parecen de tanta calidad ni tan cómodas. Mi única esperanza es que todavía las tengan en algún almacén.

Persona 4

Tengo muchas dificultades para encontrar jerseys de mi talla y que sean como a mí me gustan, pero el otro día encontré uno que me encantó, me lo probé y parecía un milagro, porque me quedaba perfecto. Tuve mucha suerte porque el dependiente me dijo que ese mismo día había vendido otros dos iguales y que reciben muy pocos.

Persona 5

He pasado toda la tarde de tiendas, buscando un abrigo para mi hija, pero nada de lo que veo me parece adecuado para ella. O son demasiado clásicos o muy modernos pero no abrigan lo suficiente, algunos utilizan colores demasiado fuertes o se nota que no tienen calidad, así que mañana tendré que volver a salir para comprárselo antes de que llegue el invierno.

Persona 6

La verdad es que cuando me probé la camisa en la tienda no me di cuenta, pero al llegar a casa vi que estaba manchada, así que volví a ponerla en la bolsa y fui con el ticket a la tienda de nuevo; cuando cogí otra igual comprobé que no estaba manchada; lo malo de eso es que perdí más de una hora por culpa de la devolución, pero no podía hacer otra cosa si no quería perder el dinero.

Complete ahora la **Hoja de respuestas**.

EXAMEN 3

COMPRENSIÓN AUDITIVA

TAREA 5 - Pista 21

Tere: Paco, tengo mucha prisa porque llego tarde a una cita; ¿puedes apagar el horno dentro de diez minutos?, es que si no se va a quemar el pescado.
Paco: Pero Tere, yo no sabía que el pescado estaba en el horno, menos mal que me has avisado.
Tere: Bueno, yo tampoco sabía que la semana pasada te tocaba tirar la basura y hacer la cama y fui yo quien hizo tu trabajo.
Paco: No te enfades, mujer, que un olvido lo tiene cualquiera, además ya sabes la cantidad de cosas que tuve que hacer la semana pasada.
Tere: Vale, pero hoy, por favor, no olvides sacar la ropa de la lavadora y ver qué falta en el frigorífico para la compra de esta semana.
Paco: Sí, ya sé que tengo que tender la ropa y hoy obligatoriamente tengo que planchar unas camisas, porque ya no tengo ninguna para ir a la oficina.
Tere: Sí que tienes una, ¿no te acuerdas?, la que te compraste hace un mes, que no la has estrenado todavía.
Paco: Es verdad, pero me la probé el otro día y creo que me queda un poco corta de mangas.
Tere: Entonces vamos a aprovechar para ir esta semana a la tienda a devolverla, porque yo tengo que comprar unos pantalones.
Paco: Pues he visto que en ese centro comercial ya han empezado las rebajas; creo que voy a aprovechar para regalarte una falda.
Tere: Sabes que no me gusta que me regalen ropa y además sabes perfectamente que no soporto las faldas en invierno y nunca me las pongo.

Complete ahora la **Hoja de respuestas**.

EXPRESIÓN E INTERACCIÓN ORALES

TAREA 2 - Pista 22

–¿Qué tipo de actividades artísticas conoce? ¿Cuáles le gustan más? ¿Por qué?
–¿Hay alguna actividad artística desagradable para usted? ¿Por qué?
–¿Dónde se suelen realizar las actividades artísticas? ¿Quién las practica?
–¿Le gusta ver el proceso de creación artística? ¿Ha podido ver a algún artista trabajando? ¿Suele ver programas artísticos en televisión? ¿Sigue la obra de algún artista?
–¿Ha practicado alguna actividad artística que ahora no puede realizar? ¿Por qué?
–¿Cuánto tiempo dedica a las actividades artísticas?
–¿Cuál ha sido la última obra de arte que vio? ¿Dónde lo hizo? ¿Cuándo? ¿Por qué?
–¿Conoce a alguien que se dedique profesionalmente a realizar actividades artísticas? ¿Qué hace esa persona? ¿Cómo es la vida de un artista?
–¿Qué actividad artística le gustaría realizar? ¿Por qué?
–¿Qué necesitaría tener para poder practicar una actividad artística?
–¿Qué artistas famosos hay en su país?
–¿Conoce algún artista español o hispanoamericano?
–¿Cuál es su artista favorito?

EXAMEN 3

EXPRESIÓN E INTERACCIÓN ORALES — TAREA 3 - Pista 23

–¿Qué cree usted que están celebrando estas personas?
–¿Qué relación cree que existe entre ellas? ¿Por qué?
–¿Qué cree usted que se hace en este tipo de fiestas?
–¿Cómo celebra usted su cumpleaños?
–¿Qué costumbres hay en su país para celebrar el cumpleaños?
–¿Qué fiestas se celebran en su país?
–¿En qué ocasiones hace regalos?
–¿Qué suele regalar a sus amigos?
–¿Cómo, dónde y con quién celebró su último cumpleaños?
–¿Qué le regalaron a usted?

EXPRESIÓN E INTERACCIÓN ORALES — TAREA 4 - Pista 24

–Sí, pero yo no creo que eso le guste mucho.
–Realmente, yo no sé qué le gusta hacer en su tiempo libre.
–No, eso es muy caro, yo ahora tengo poco dinero y no puedo gastar mucho.
–Entonces, ¿tú crees que eso le va a hacer ilusión?
–Y ¿cómo quedamos para comprárselo?

EXAMEN 4

COMPRENSIÓN AUDITIVA — TAREA 1 - Pista 25

Mensaje 1

Talleres Gómez, especialistas en compra-venta de vehículos usados, precisa mecánico para incorporarse en las próximas semanas. No se necesita tener experiencia previa. Formación a cargo de la empresa. El horario de trabajo es de lunes a viernes en horario de mañana. Los interesados deben entregar su currículum personalmente en las instalaciones de la empresa.

Conteste a la pregunta número 1 : ¿Qué se pide al candidato en este trabajo?

Mensaje 2

Empresa de productos alimenticios busca trabajadores jóvenes para su nuevo local en el mercado central. Al sueldo base mensual se añadirá el uno por ciento de las ventas semanales. Los interesados deben enviar su currículum con teléfono de contacto a la dirección de correo electrónico cajeros arroba supermercado punto es.

Conteste a la pregunta número 2 : ¿Qué se dice en esta oferta de trabajo?

Mensaje 3

Empresa de seguros, líder en el sector, necesita vendedores para la zona norte de la ciudad. Imprescindible disponer de vehículo propio. El horario de trabajo es de lunes a viernes, mañanas y tardes; un mes de vacaciones y una semana de formación al año.

Conteste a la pregunta número 3: ¿Qué se pide a los trabajadores de esta empresa?

EXAMEN 4

Mensaje 4

Si quieres cuidar a mascotas de otras personas como a tus mascotas, tienes que registrarte en tres uves dobles cuidamascotas punto com como cuidador. Una vez que aprobemos tu solicitud para ser cuidador podrás subir tu perfil a nuestra página y anunciar tus servicios (paseos, cuidado por horas, cuidado a domicilio...) poniéndoles el precio que tú consideres justo.

Conteste a la pregunta número 4: ¿Cómo se accede a este trabajo?

Mensaje 5

Grupo *Sible*, empresa de distribución de alimentos, necesita Directores para sus nuevas oficinas en Cataluña. Los candidatos deben tener formación universitaria, experiencia de tres años en distribución de productos y conocimientos en organización de equipos. Si está interesado, envíe su currículum a recursoshumanos arroba sible punto com.

Conteste a la pregunta número 5 : ¿Qué exigencias tiene este trabajo?

Mensaje 6

Se precisa personal de limpieza en apartamentos y casas para los meses de temporada de verano. Se ofrece alta inmediata en la Seguridad Social y salario de diez euros por hora trabajada. Se requiere vehículo propio y se valorará experiencia demostrable y cartas de recomendación.

Conteste a la pregunta número 6: ¿Cómo se cobra en este trabajo?

Complete ahora la Hoja de respuestas.

COMPRENSIÓN AUDITIVA

TAREA 2 - Pista 26

Mi nombre es Jesús Mota, nací en la ciudad de Jaltipán de Morelos, Estado de Veracruz, México. Tengo veintiséis años y soy el menor de tres hermanos, dos hermanas y un hermano.
Mi hermana mayor se llama Marta del Carmen; es Licenciada en administración de empresas, egresada del Instituto tecnológico de Minatitlan, en Veracruz; mi hermana menor se llama Susana Alejandra, es Licenciada en Idiomas y es egresada de la Universidad Autónoma de Tabasco; estudió en el campus de Villahermosa. Por otra parte, mi hermano Luis es licenciado en Informática, egresado del Instituto Tecnológico Superior de Acayucán, también en Veracruz.
Y finalmente, su servidor: estudié el pre-escolar y la primaria en la escuela número 23 panamericana, más tarde la secundaria en la escuela general Licenciado López Mateos, la preparatoria de la Universidad en el Centro de Bachillerato Tecnológico Industrial y de Servicios número 250, todas las escuelas ubicadas en Jaltipán de Morelos, Estado de Veracruz. Actualmente soy egresado de la carrera de Informática en el Instituto Tecnológico Superior de Acayucán y espero poder continuar estudiando.
Cuando estudiaba la secundaria me di cuenta de que era bueno para el baloncesto y seguí practicando hasta estar en un equipo de la liga juvenil municipal o de segunda fuerza como la llamaban, y quise competir con la selección de mi escuela en los Campeonatos Interescolares de secundaria. Yo era el mejor jugador del equipo pero eso para mí no era suficiente: subí de nivel e igual sucedió en la liga municipal o liga de primera fuerza, donde di lo mejor de mí mismo y pude demostrar mi habilidad.

EXAMEN 4

Sin embargo, en el último año de estudios antes de la Universidad me decepcioné de mí mismo, pese a tanto entrenamiento y preparación para las competiciones, desafortunadamente nunca he logrado obtener el primer puesto en la clasificación; no lo conseguí y me retiré de ese deporte durante un tiempo. Puede parecer estúpido pero así fue: después de casi dos años sin jugar entré en la selección de mi actual escuela, pero mi rendimiento ya no era el mismo. Participé en el torneo de los inter-tecnológicos y volví a salir de la selección porque no me sentía a gusto con mis compañeros de equipo. Casi al final de la carrera, en el octavo semestre, me incorporé nuevamente al equipo, porque sentía que había calidad suficiente como para ser campeones pero yo ya no era el mismo. No tenía esa condición física que había tenido durante los años anteriores a mi etapa universitaria, ni siquiera el cuerpo físico, así que no tuve mucha participación en el torneo, porque estaba dura la competencia por ser titular y porque me lastimé la columna vertebral; tenía tres vértebras salidas, así que no seguí jugando. Los doctores me dijeron que no podría jugar hasta después de reposar 6 meses. Así pasó, pero espero seguir jugando cada vez que pueda hacerlo y me den la oportunidad porque me sigue gustando mucho este deporte.

(http://biografiaivis.blogspot.com/).

Complete ahora la **Hoja de respuestas**.

COMPRENSIÓN AUDITIVA

TAREA 3 - Pista 27

El cantautor Carlos Vives y la presentadora Giselle Blondet participaron en Puerto Rico en el programa "Los Grammy latinos en las escuelas", para ayudar a estudiantes de las academias de música. El acto inaugural se llevó a cabo ante cuatrocientos estudiantes de la Escuela Libre de Música, de la que han salido grandes músicos como Gilberto Santa Rosa y Luis Ortiz. En el acto, Vives y Blondet entregaron instrumentos musicales valorados en cinco mil dólares y anunciaron que desean llevar esta iniciativa a Estados Unidos y Latinoamérica.

El director de la película de animación más vista en España, "Las aventuras de Tadeo Jones", ha anunciado este domingo que el personaje tendrá "una segunda parte", en la que los guionistas ya están trabajando. También ha informado que lleva algún tiempo trabajando en otro largometraje, que se estrenará a finales del próximo año. Se trata de una historia espacial en la que un niño viaja a la Luna acompañado de su abuelo y sus amigos para salvar el satélite terrestre en nombre de la humanidad.

La tenista Tita Torró fue ayer una de las grandes protagonistas de la jornada del Torneo de Madrid al ganar a la veterana Mónica Naranjo, que ya había ganado este campeonato los dos años anteriores. En la próxima jornada, tendrá que jugar contra la francesa Bartoli si quiere pasar a la semifinal. Otro de los partidos más interesantes de ayer no llegó a jugarse, porque la norteamericana Venus Williams no pudo estar en Madrid para su partido contra Anabel Medina por un problema de última hora en la espalda.

Solo en la ciudad de Madrid, durante estos días de fiesta, se consumirán más de un millón de roscones de Reyes, el tradicional postre de estas fiestas. Los roscones elaborados de forma artesana tienen una caducidad de veinticuatro horas. Sin embargo, en una pastelería han encontrado la solución para alargar su vida con una bolsa de un plástico especial y que lleva un precinto que deja la bolsa herméticamente cerrada, lo que nos permite mantener tres días el roscón en perfectas condiciones y con el mismo sabor de siempre.

EXAMEN 4

El Ballet Folclórico Nacional de Cuba ofrece el próximo 12 de mayo a las diecinueve horas el espectáculo "Okún" en el Teatro Zorrilla de Valladolid con motivo del cincuenta aniversario de la formación. Se trata de un espectáculo en el que se expresa la tradición de la música y la danza afrocubana, la fusión del folclore caribeño con otros ritmos y danzas que han evolucionado desde sus orígenes africanos hasta nuestros días.

Entre más de veinte títulos seleccionados por un jurado de libreros, la novela "Cartas marcadas", del escritor y cantante argentino Alejandro Dolina, resultó elegida por los lectores de la décima edición de la Feria del Libro de Buenos Aires como Novela del Lector de la Feria. Unas diez mil personas votaron a través de Internet entre los títulos propuestos. Este premio se empezó a conceder el año pasado. Asimismo, un jurado de expertos entregó ayer el Premio Nacional de la Crítica a Adriana Hidalgo por su obra "La novela de la poesía".

Complete ahora la **Hoja de respuestas**.

COMPRENSIÓN AUDITIVA

TAREA 3 Pista 28

Persona 0

Me regalaron las entradas para la ópera y cuando salí del trabajo tuve que ir a casa a cambiarme; el problema es que había mucho tráfico y cuando llegué ya había empezado la función, así que tuve que esperar al descanso para entrar, ¡con la ilusión que me hacía ver "Aída" en directo!

Persona 1

Como el actor principal de la obra de teatro se había caído el día anterior al estreno en el ensayo general, porque los técnicos habían dejado cables y cajas en una escalera donde no había luz, nos devolvieron el precio de las entradas, pero tuve que hacer una cola de más de media hora en la taquilla.

Persona 2

Habíamos hablado durante toda la semana de ir al teatro el fin de semana y luego salir a cenar, pero no nos poníamos de acuerdo en qué obra queríamos ver. Por fin, el sábado por la mañana, decidimos ir a ver una comedia. Cuando entré en la página web para comprar dos boletos estaban todos vendidos, así que el sábado fuimos a cenar y quedamos con unos amigos para tomar unas copas.

Persona 3

A mis amigos les encanta el teatro clásico y me invitaron a la representación de una obra en la que actuaba su actor favorito. No quise decirles que a mí el teatro no me gusta mucho y los acompañé, pero estuve todo el tiempo mirando el reloj; todo el mundo estaba en silencio y los espectadores aplaudieron muchísimo al final. Yo también aplaudí y les dije a mis amigos que me había gustado mucho.

EXAMEN 4

Persona 4

Fuimos al cine, a la primera sesión de la tarde, un domingo, y nos encontramos que había mucha gente joven en la sala. Cada vez que había una escena divertida, todo el público se reía y era difícil escuchar lo que decían los actores, pero lo malo es que detrás de nuestros asientos había un grupo de amigos que no dejaban de hablar por teléfono, comer, reírse y comentar la película. Creo que la próxima vez voy a ir a la sesión de la noche.

Persona 5

A la media hora de empezar la obra se apagaron todas las luces del escenario; la gente se puso un poco nerviosa y tuvieron que encender las luces de emergencia, pero los actores pudieron seguir representando la obra inmediatamente. Sin embargo, a los cinco minutos hubo un fallo de sonido, algunos espectadores protestaron y pidieron la devolución de su dinero. Después del descanso, ya todo funcionó bien.

Persona 6

Nunca he visto tanta gente reunida para asistir a un concierto; no había un asiento libre, todo el mundo cantaba las canciones y se sabía de memoria las letras. Yo estaba al lado del escenario y casi no me podía mover; en el descanso fui a comprar unas bebidas y tuve que hacer una cola grandísima.

Complete ahora la **Hoja de respuestas**.

COMPRENSIÓN AUDITIVA

TAREA 5 - Pista 29

Javier: Esperanza, hace mucho que no veníamos a comer a este restaurante. ¿Te acuerdas cuando veníamos casi todas las semanas?

Esperanza: Claro que me acuerdo, Javier, pero es que ahora ya no vivo tan cerca y este restaurante me viene mal. He tenido que cambiar todas mis costumbres, las tiendas a las que iba, la peluquería, el gimnasio, hasta la biblioteca, pero ha merecido la pena.

Javier: Eso te iba a preguntar, ¿qué tal en tu nuevo piso? A ver si tengo tiempo y voy a visitarte algún día.

Esperanza: El piso es un poco más pequeño que el anterior, pero ya es mi piso y no tengo que pagar cada mes el alquiler, además es muy luminoso y está muy bien comunicado: en diez minutos llego todos los días al trabajo y muchas veces vuelvo andando.

Javier: Oye, hablando de otro tema, ¿te dieron ya los resultados de la alergia?

Esperanza: Sí, ahora resulta que no puedo comer pescado azul.

Javier: Con lo que a mí me gusta; pero ahora estás mejor, ¿no?

Esperanza: No del todo, porque a menudo me duele la cabeza y tengo problemas de estómago. Pero no hablemos de cosas tristes. ¿Tú tienes alguna buena noticia?

Javier: Sí, mi cuñado ha encontrado un nuevo trabajo y mi hermana está contentísima.

Esperanza: ¡Qué bien!, ¿no?, ahora precisamente que tu hermana espera un hijo esta es la mejor noticia que podían tener. Me alegro mucho por ellos, doblemente.

Javier: Sí, han tenido mucha suerte. Por cierto, ¿no te parece que a esta sopa le falta un poco de sal?

Esperanza: Para mí, está en su punto.

Complete ahora la **Hoja de respuestas**.

EXAMEN 4

EXPRESIÓN E INTERACCIÓN ORALES — TAREA 2 - Pista 30

–¿Es usted seguidor de algún deportista o algún equipo? ¿Por qué?
–¿Tiene usted abono para asistir a alguna competición o torneo deportivo?
–¿Qué deportes le gustan a usted? ¿Practica alguno? ¿Ha participado en alguna competición profesional o aficionada?
–¿Suele asistir a espectáculos deportivos? ¿Con qué frecuencia?
–¿Le gusta ver deporte en televisión? ¿Con qué frecuencia lo hace?
–¿Hay muchos programas deportivos en la televisión de su país?
–¿Lee usted prensa deportiva? ¿Con qué frecuencia lo hace?
–¿Existen muchos diarios deportivos en su país?
–¿Lee la sección de deportes en los periódicos de información general?
–¿Qué deportistas famosos hay en su país? ¿En qué especialidad?
–¿Conoce algún deportista hispanoamericano o español? ¿Quién? ¿Qué deporte practica?
–¿A qué espectáculo o competición deportiva le gustaría asistir? ¿Por qué?
–¿Le gustaría que su país organizara alguna competición deportiva de carácter internacional? ¿Cuál? ¿Por qué?

EXPRESIÓN E INTERACCIÓN ORALES — TAREA 3 - Pista 31

–¿Por qué cree que estas personas estan buscando ropa?¿Por qué cree que buscan esa prenda de vestir?
–¿Qué tipo de ropa piensa que utilizan habitualmente esas personas?
–¿A usted le gusta ir de compras? ¿Lo hace frecuentemente?
–¿Cuándo fue de compras la última vez? ¿Qué compró? ¿Por qué?
–Dónde suele comprar su ropa?

EXPRESIÓN E INTERACCIÓN ORALES — TAREA 4 - Pista 32

–¿Ya sabe que tenía 15 días para devolverlo?
–¿Ha traído usted la factura o el recibo de compra?
–Desgraciadamente, no podemos devolverle el dinero, pero le haremos un vale para que pueda usarlo durante un mes en cualquier otra compra.
–La semana próxima, tal vez recibamos algo como lo que usted busca.

EXAMEN 5

COMPRENSIÓN AUDITIVA — TAREA 1 - Pista 33

Mensaje 1

Cuando ni siquiera tú sabes dónde están tus límites, lo mejor es que te acompañe alguien que tampoco los tiene. El nuevo *Santacruz* tiene 5 años de garantía sin límite de kilómetros, 5 años de asistencia en carretera y la garantía de devolución. Si no te gusta tienes dos meses para devolverlo, con toda confianza.

Conteste a la pregunta número 1 : ¿Cuándo puede devolver este coche?

EXAMEN 5

Mensaje 2

En el Banco de la Estrella llevamos más de cien años siendo fieles a nuestros valores. Eso nos ha hecho grandes. Desde hace dos años somos el primer banco de España, con más de trece millones de clientes. El año pasado llegamos a las seis mil oficinas. No somos solo un banco. Somos el Banco de la Estrella.

Conteste a la pregunta número 2 : ¿Cuándo empezó el Banco de la Estrella a ser el más importante de España?

Mensaje 3

Vacaciones en la playa, del nueve al dieciocho de julio, dos adultos y dos niños con un cincuenta por ciento de descuento. Incluye la estancia en una habitación doble estándar, en régimen de pensión completa. Dos niños hasta 12 años sin cumplir no pagan. Si tienen menos de 15 años, el primer niño es gratis y el segundo tiene un cincuenta por ciento de descuento. Esta oferta es válida solo si reserva antes del quince de abril.

Conteste a la pregunta número 3: ¿Qué condiciones ofrecen las vacaciones en la playa?

Mensaje 4

Después del lanzamiento de la aplicación "La isla del Tesoro" te ofrecemos una nueva forma de disfrutar en tu móvil de la obra de Cervantes con "Las aventuras de Don Quijote". Juntos, niños y adultos, van a poder crear su propia versión de la novela. Los más pequeños podrán conocer juegos y muchas sorpresas. La aplicación está realizada en inglés y en español por actores profesionales para que tú seas el protagonista.

Conteste a la pregunta número 4: Con "Las aventuras de don Quijote" para teléfonos móviles…

Mensaje 5

Desde los comienzos del programa de televisión *El Hormiguero,* la sección "Frases célebres de niños" ha sido una de las más populares. Todas las anécdotas que los espectadores han enviado sobre sus hijos se han reunido en un nuevo ejemplar que ya está a la venta. La parte más divertida e inocente del programa se transforma en doscientas páginas de humor infantil que hacen al lector volver a tener la mirada de un niño. Ya puedes comprarlo en tu librería.

Conteste a la pregunta número 5 : El programa de televisión "El Hormiguero"…

Mensaje 6

En el grupo editorial de "Casas y Cosas" cuidamos el planeta y ese es nuestro compromiso. En nuestras revistas impresas, en nuestras aplicaciones y en los reportajes, vídeos y audios de nuestra página web siempre buscamos la máxima calidad y eso para nosotros significa proteger el medio ambiente. Somos la primera empresa que imprime sus revistas en papel cien por cien procedente de bosques sostenibles.

Conteste a la pregunta número 6: La editorial "Casas y Cosas" ofrece…

Complete ahora la Hoja de respuestas.

EXAMEN 5

COMPRENSIÓN AUDITIVA

TAREA 2 - Pista 34

Mi padre me matriculó en un colegio que en realidad era una casa donde una profesora nos daba clases; había niños y niñas de todas las edades, como una especie de academia. Fui a otra escuela desde el año siguiente y luego al instituto. Con dieciséis años terminé el Bachillerato y entonces tenía dos opciones: o estudiaba Enfermería o hacía Magisterio. Estas eran las dos únicas posibilidades, porque de otra manera debía hacer dos años más de bachiller y luego irme a estudiar a otra ciudad, así que decidí estudiar para ser profesora.

En el primer año tuve muchas asignaturas, suspendí algunas en junio, porque para mí fue un gran cambio estudiar fuera del Instituto; ya en segundo y tercero no tuve problemas y aprobé todas las asignaturas. Me gustaban mucho las clases de literatura, pedagogía y filosofía, sacaba muy buenas notas. Eso sí, estudiaba de memoria y las matemáticas no se me daban muy bien.

Yo iba andando desde mi casa hasta la Escuela de Magisterio, porque no había autobuses.

La mayoría de los profesores venían de fuera y tenían una formación universitaria; el profesor de didáctica fue el único que nos dio apuntes y no usamos libros.

Yo me veía como una estudiante responsable, sentía que tenía una obligación con mis estudios y mi familia. Pero cuando terminé los estudios, en el examen final, me sentí incapaz de contestar a las tres preguntas del examen oral. El examen era frente a mis profesores. En septiembre volví a presentarme y lo aprobé; entonces el problema era saber dónde iba a trabajar, ya que para poder hacerlo en una escuela pública necesitaba prepararme para otro examen, y lo peor es que si lo aprobabas podían enviarte a cualquier lugar. Nadie quería ir a un pueblo donde tenías que vivir todo el año lejos de tu familia.

Empecé a trabajar en un colegio privado; todos los días tenía que coger cuatro autobuses, porque tenía clase por la mañana y por la tarde; de todos modos, creo que este horario es mejor que tener clase solo por la mañana, porque los niños se cansan y hay un momento en que ya no pueden aprender nada.

Aquel primer trabajo fue muy duro; yo hacía lo que podía, enseñaba a los niños incluso la forma de sentarse y yo solo tenía 19 años, pero tenía que hacerlo todo y no tenía ninguna experiencia.

Después de los dos años con niños y niñas de pre-escolar, empecé a trabajar con niños mayores de seis años. En los cuarenta años que llevo trabajando he pasado por catorce centros distintos

(Analia E. Leite Méndez (2011). *Historias de vida de maestros y maestras. La interminable construcción de las identidades. Vida personal, trabajo y desarrollo profesional.* Tesis doctoral. Universidad de Málaga).

Complete ahora la **Hoja de respuestas**.

COMPRENSIÓN AUDITIVA

TAREA 3 - Pista 35

"Los amantes pasajeros", la última película del director manchego Pedro Almodóvar, se estrenará el próximo viernes en su pueblo natal, Calzada de Calatrava, a la vez que se estrena en Madrid. El Centro Cultural "Rafael Serrano" acogerá el estreno, organizado por la Asociación Cultural en su sede. La película, además de poder verse el próximo día 8, se exhibirá durante cinco días más, los dos fines de semana siguientes a su primera proyección.

(http://www.que.es/cine/201303051158-amantes-pasajeros-almodovar-estrenara-pueblo-efe.html).

EXAMEN 5

Luis Vidal es el arquitecto español que ha ganado el concurso para desarrollar un aeropuerto espacial que permitirá vuelos entre América y Europa o Asia en pocas horas. Ochenta empresas se presentaron a este concurso convocado hace dos años. En el proceso de selección solo quedó al final el proyecto multidisciplinar en el que participa el estudio español. Se trata de hacer algo nuevo, aunque su estudio de arquitectura diseña siempre pensando en el usuario, según asegura Vidal.

(http://www.20minutos.es/noticia/1804866/0/aeropuerto-espacial/arquitecto-espanol-proyecto/vuelos-intercontinentales/).

Científicos de la Universidad de Granada han descubierto un nuevo tratamiento contra el acné, basado en sustancias completamente naturales, que resulta mucho más efectivo que otras formulaciones artificiales, ya que no tiene efectos secundarios. El acné es una infección de la piel muy común, principalmente en la adolescencia y juventud, que genera problemas estéticos, sanitarios y de seguridad en uno mismo.

(http://www.antena3.com/noticias/salud/patentan-tratamiento-acne-base-sustancias-naturales_20130418001355.html).

Para convertir Valencia en una gran fiesta del arroz, se han seleccionado un centenar de restaurantes que, desde el lunes veintiséis de septiembre al domingo dos de octubre, participarán en las jornadas de cocina internacional y servirán sus menús y sus especialidades a un precio sensiblemente inferior al habitual tanto en las instalaciones de la Ciudad de las Artes, desde el día veintinueve, como en los restaurantes desde el inicio de las jornadas

En Quito (Ecuador) se está desarrollando el Foro Latinoamericano de Urbanismo, organizado por el Instituto de Políticas Ciudadanas de América Latina y el Caribe. Con una participación de trescientos cincuenta asistentes entre conferenciantes, moderadores, invitados y participantes, se reúnen a lo largo de toda esta semana los expertos de estas temáticas para presentar y debatir veintidós casos que tuvieron una aplicación concreta en diferentes países de la zona.

La Dirección General de Tráfico ha informado de la posibilidad de nieve en la Comunidad aragonesa, según ha informado el Gobierno autonómico. El Centro Territorial de Aragón de la Agencia Estatal de Meteorología prevé que se pueden producir precipitaciones en forma de nieve en la provincia de Teruel, que puede llegar hasta los veinte centímetros, durante todo este domingo. Según esta información, puede nevar en lugares que estén por encima de los mil doscientos metros de altura.

Complete ahora la **Hoja de respuestas**.

COMPRENSIÓN AUDITIVA

TAREA 4 - Pista 36

Persona 0

Me ofrecieron aquel trabajo porque el director de la empresa era amigo de mis padres y yo necesitaba el dinero para empezar a vivir solo; al principio, con el sueldo que ganaba solo podía pagar el alquiler del piso y poco más, pero con la experiencia que gané pude buscar un trabajo mejor pagado y con un horario más cómodo.

EXAMEN 5

Persona 1

Lo peor de mi primer trabajo es que tenía que madrugar muchísimo, porque había que estar en la fábrica a las seis de la mañana, así que me levantaba de noche y utilizaba un autobús nocturno que tardaba mucho en llegar; lo bueno es que luego tenía las tardes libres y aunque trabajaba algunos fines de semana tenía mucho tiempo para hacer lo que me gustaba.

Persona 2

Siempre me han gustado los animales, y aunque no pude estudiar Veterinaria hice Biología. Como no encontré trabajo en ningún laboratorio me presenté a unas oposiciones y ahora tengo un trabajo en una oficina de ocho a tres; eso sí, tengo un montón de animales en casa y puedo cuidarlos yo mismo.

Persona 3

En aquel trabajo, las condiciones eran muy duras; siempre estábamos estresados y bajo presión, así que no era difícil discutir con los compañeros o tener problemas con los clientes; por eso, un día, aburrido de no poder trabajar en equipo, hablé con el jefe y le propuse algunas soluciones que a él le parecieron muy bien, pero a las dos semanas me llamó a su despacho y me dijo que ya no iba a trabajar en esa empresa.

Persona 4

Lo más duro de aquel trabajo era el horario, ya que no veía a mi familia ni a mis amigos, porque empezaba a trabajar cuando ellos se acostaban y me iba a dormir por la mañana; descansaba muy mal, por el ruido y por la luz. Eso sí, los fines de semana podía irme a la discoteca con mis amigos y estar hasta la madrugada porque nunca tenía sueño.

Persona 5

Cuando terminé mis estudios en la escuela secundaria no quise seguir estudiando, porque me aburría estar delante de los libros. Siempre había ayudado a mi padre en el taller que tenía y había aprendido muchas cosas sobre reparación de vehículos; por eso decidí que lo mejor era empezar yo mismo con mi propio taller, ser mi propio jefe y no tener que obedecer a nadie ni discutir con mi jefe, y aquí estoy, quince años después, con cinco trabajadores más, aunque empecé yo solo.

Persona 6

Como todavía estaba estudiando cuando empecé a trabajar de camarero en un restaurante especializado en bodas, comuniones y grandes actos, tenía que aprovechar muy bien el tiempo durante la semana para no suspender, porque a partir del viernes siempre había alguna cena de empresa, los sábados una boda o dos y era muy extraño poder descansar un domingo.

Complete ahora la **Hoja de respuestas**.

EXAMEN 5

COMPRENSIÓN AUDITIVA

TAREA 5 - Pista 37

Pedro: Oye, Luisa, te veo más delgada.
Luisa: Pues, ¡qué extraño!, Pedro, porque llevo un mes y medio sin practicar balonmano.
Pedro: ¿Por qué no has jugado durante tanto tiempo, con lo que a ti te gusta?
Luisa: Porque tuve un accidente en el coche y he tenido que estar veinte días escayolada y en silla de ruedas.
Pedro: ¿Y fuiste al trabajo?
Luisa: Sí, porque mi marido me llevaba en el coche a la oficina y me recogía; como en la oficina estoy todo el tiempo sentada, no tenía ningún problema porque no necesito estar de pie ni andar.
Pedro: ¡Pues menos mal que no me ha pasado a mí, porque hace unos meses que me di de baja en la compañía de seguros!
Luisa: ¿Y por qué?
Pedro: Porque subieron los precios y no podía pagarlo.
Luisa: Pero si ahora hay un seguro muy barato, el que anuncia ese actor que se parece tanto a ti.
Pedro: ¿Quién? ¿Alberto Fernández?
Luisa: Sí, ese mismo. Además, me parece tan simpático…
Pedro: Pues yo no lo puedo ni ver.

Complete ahora la **Hoja de respuestas**.

EXPRESIÓN E INTERACCIÓN ORALES

TAREA 2 - Pista 38

–¿Qué tipos de tareas domésticas conoce? ¿Cuáles le gustan menos? ¿Por qué?
–¿Qué tareas domésticas ocupan más tiempo?
–¿Cree que existen tareas propias de hombres y tareas de mujeres? ¿Por qué?
–¿Quién se dedica más a las tareas del hogar en su país?
–¿Cómo organiza usted la tarea de tareas? ¿Qué día/s de la semana las realiza? ¿Tiene un horario especial para realizar las tareas domésticas?
–¿Comparte las tareas domésticas con alguien? ¿Por qué?
–¿Desde cuándo realiza usted tareas domésticas?
–¿Ha tenido alguna vez problemas por no hacer las tareas domésticas? ¿Qué pasó?
–¿Qué actividad doméstica prefiere hacer? ¿Por qué?
–¿Quién le enseñó a realizar algunas tareas domésticas?
–¿Cuándo aprendió a hacer algunas tareas domésticas? ¿Por qué?
–¿Qué tarea doméstica le resultó más difícil de aprender? ¿Hay alguna tarea que usted no sepa hacer?
–¿Qué tarea le gustaría aprender a hacer?
–¿Cree que las personas que trabajan haciendo tareas domésticas deben cobrar un sueldo? ¿Por qué?
–¿Qué condiciones son necesarias para hacer bien una tarea doméstica?

EXAMEN 5

EXPRESIÓN E INTERACCIÓN ORALES — TAREA 3 - Pista 39

–¿Qué cree que están haciendo estas personas?
–¿Cómo cree que se sienten?
–¿Por qué cree que viajan y dónde van?
–¿Viaja usted con frecuencia? ¿Por qué?
–¿Le gusta viajar?
–¿Qué medios de transporte utiliza más a menudo?
–¿Cuándo y dónde viajó la última vez?
–¿Qué hizo en el viaje?

EXPRESIÓN E INTERACCIÓN ORALES — TAREA 4 - Pista 40

–Es que yo ya estuve allí el año pasado.
–Yo hasta el día 3 no puedo viajar, porque en esos días tengo mucho trabajo y en la empresa no me van a dar vacaciones.
–¿Y no sería mejor alquilar un coche?
–Si quieres, yo puedo reservar el vuelo y tú te encargas de lo demás.

EXPRESIÓN E INTERACCIÓN ORALES — TAREA 3 - Pista 39